女性トップ
ビジネスコーチが
斬り込む
「39の質問」

リーダーを目醒めさせる
KILLER QUESTION
キラー・クエスチョン

TCS認定プロフェッショナルコーチ
林 友香
YUKA HAYASHI

はじめに

本書を手に取ってくださり、ありがとうございます。

ビジネスコーチの林友香です。

この本は、経営者、管理職、グループリーダーやマネージャーなど、組織やチームにおいて「リーダー」として活躍している、あなたのために書きました。

私が「コーチング」をきちんと学ぼうと思ったのは管理職として企業に勤めていた頃。常時20～30名ほどのメンバーのマネジメントを任されていた私は、目の前にある仕事を自分ひとりで抱えてしまったり、本音でメンバーと向き合えなかったりと、リーダーとしての自分のふがいなさに嫌気がさしていました。

リーダーを任されてから半年ほどたった頃、私はトラストコーチングスクール（ＴＣＳ）で「コーチング」を学び、職場で一つひとつできることから実践していきました。

実のところ、私はすでに「コーチング」について調べ、本を読み、自分なりに勉強していましたが、正直「コーチング」のイメージはあまり良くありませんでした。

私の昔の職場の上司が「コーチング」を学んだ後、急にうっとうしい質問ばかり増え、「林さんはどう思うの?」を繰り返す面倒臭いおじさんになったからです。

「本当に効果はあるのだろうか」そんな半信半疑な気持ちで取り入れた「コーチング」でしたが、その効果は私の期待以上で、職場の離職率は大幅に改善し、当時の業績向上につながりました。何より印象的だったのは、職場の雰囲気が少しずつ変わっていき、私自身が職場に安心感を感じるようになったこと。そして、メンバーの笑顔が増えて、仕事に行くのが以前より楽しみになっていったことです。

年間の在籍人数で計算してみると、当初50%だった離職率は、私がリーダーを担当した最後の1年で8・5%まで改善していました。そして、一緒に働くメンバーのことがそれまでよりもずっと、私にとって大切な存在になっていきました。

職場でコーチングを実践するなかで、気づいたことがあります。

それは「私はメンバーを信頼しているつもりで、信頼していなかった」ということでした。皆とても優秀な人材ばかりだったのに、それに気づいているつもりで、ひとりで仕事を抱えこみ、彼女たちの能力を活かせていなかったのは私のほうでした。

「部下が主体的に動いてくれない」

「職場やチームに活気がない」

「プロジェクトメンバーの能力が低い」

あなたはそんな風に感じたことはありませんか？　もしリーダーであるあなたが部下やメンバーに対してこのように感じているなら、ひとつ伝えたいことがあります。

そうさせているのは、あなた自身です。部下やチームのメンバーの可能性を活かせていない最大の理由は、「リーダーのコミュニケーション力の低さ」です。

あなたの捉え方ひとつ、伝え方ひとつ、関わり方ひとつで、メンバーのやる気や能力をもっと引きだせるはずです。私たちは自分を取り巻く人間関係の中で、たくさんの感情を分かち合いながら、限りある尊い時間を共有しています。そのかけがえのない時間で、お互いの意思や感情を分かち合い、お互いの違いを認め合い、共有するための唯一の手段がコミュニケーションです。

現代のリーダーに求められるのは「より良い人間関係を築く力」すなわち、コミュニケーション力です。リーダーによる良質なコミュニケーションは、チームの多様なメンバーがそれぞれにパフォーマンスを発揮するために欠かせない要素です。自分の在り方を見直し、コミュニケーションスキルを身につける「コーチング」はリーダーの必須科目です。コーチングがより良い人間関係をつくり、自分自身や相手の成長を促す最良の手段であるにもかかわらず、多くの人がコーチングを知っているつもりで活用できていません。

極論、リーダーは「この人のためにも頑張りたい」と思ってもらえるかが鍵であり、そんなリーダーになれる最大の武器が「コーチング」です。

本書は私がプロのコーチとして、エグゼクティブをはじめとする数々のクライアントをサポートするなかで、**クライアントにとってインパクトがあり、とても価値を感じてくれた効果的な39の質問を**「キラー・クエスチョン」と名づけて厳選した一冊です。

私自身がリーダーとして、自分に問い続けてきた質問でもあり、今の私があるのもこの問いのおかげです。

本書を読み進める際、あなたの頭に浮かぶ「答え」は真実のようで、「嘘」である可能性も大いにあることを知っておいてください。人間は自分を守るために、簡単に嘘をつくものです。**自分が出した「答え」を定期的に疑うのがコーチングを活かす重要なポイントです。**

コーチとは「答え」をくれる人、すぐに助言をくれる人ではありません。

相手が自ら考える機会を奪う残酷さ、愚かさを理解しているのが、プロのコーチです。

答えを提供するのではなく、**クライアントが自分で考え、自分の足で目的地へ辿り着け**

るよう、コミュニケーションスキルを使って支援するプロフェッショナルです。

なぜコーチとして独立したての私が、１２４名もの方の予約待ちができるほど、講座やセッション、勉強会や研修でご希望いただけることが多かったのか。

私の場合、それは自分の利益よりクライアントとの信頼残高を高めることで、クチコミの力を生んだからです。クライアントとのご縁はご紹介でいただく場合がほとんどです。

「あなたの部下は、あなたと働けて幸せですか？」

もしあなたがリーダーとして、自分の在り方や職場での人間関係に悩んでいるなら、きっと本書はあなたのお役に立てるはずです。

この一冊が、あなたとチームの部下やメンバーとの関係性をより豊かなものにし、あなたがより幸せな毎日を送るヒントとなったら幸いです。

ＴＣＳ認定プロフェッショナルコーチ　林友香

CONTENTS

CONTENTS

目次

CHAPTER 02 リーダーの盲点

CHAPTER 03 リーダーの条件

CONTENTS

目次

CHAPTER 04 リーダーの使命

娘の可能性を私以上に信じ、応援し続けてくれた亡き父に捧げる

CHAPTER 01

リーダーの視点

01

人は変われない

なぜ私たちは「変わりたい」と思っても、なかなか変わることができないのでしょうか。

書店にはいつも充実の品揃えで、ビジネス書や自己啓発の本が並んでいます。

それだけ私たちには「成長したい」「変わりたい」「より良い自分を目指したい」という欲求があります。

一面にズラッと並ぶ本の中から、気になった表紙の一冊を手に取り開いてみる。

「この本に自分を変えるヒントがあるかもしれない」と、その本を手にレジへ向かう。

購入した瞬間、自分は変われそうな気がするものです。

しかし、買って満足、読んで満足し、気がつけば昨日と同じ今日を繰り返す日常に戻ってしまう。

CHAPTER 01

リーダーの視点

新年に目標を掲げ「今年こそは！」と決意を新たにしたのに、一年が終わる頃には「今年立てた目標は何だったっけ？」と、すっかり記憶の片隅に追いやられてしまう。

そして、また新しい一年がやってくる。

あなたにもそんな経験はないでしょうか？

人は簡単には変われません。「人は変われます」と簡単に言う人ほど無責任な人はいません。人が根本的に変わるというのは、それほど難しいことです。そういう軽率な発言をする人ほど自分は変わることができていません。私はそういうクライアントにたくさん出会ってきて、人が変わることの難しさを知りました。

人が変われない理由のひとつは、「変わったつもり、できているつもり」になっているだけだからです。私たちコーチはクライアントの「できているつもりで、できていないこと」をフィードバックしますが、それを伝えると多くの人が逃げようとします。それから逃げずに下手なプライドを捨てて「大切な人のためにも変わろう」と決意を決められた人しか変われていません。**覚悟ある人しか「コーチング」は機能しないのです。**

私たちは本当に意味がないと思うことや、心から嫌だと思うことは、基本的に選択していません。「やめたい」「変えたい」と思いながらも、潜在意識ではメリットもデメリットもきちんと見比べて、変化を嫌う本能のままに行動を起こさないでいるに過ぎないのです。

ですがリーダーには変化が求められます。環境や時代の変化に対応する力も求められます。実際に企業が求めるリーダー像は、ここ数年で大きく変化しています。

企業の人事を統括する方々も、今リーダー層に求められている役割が従来と違うことや、トップダウンの「支配型リーダー」から「支援型リーダー」が求められるようになってきたと口を揃えて話してくれます。

では、私たちが変わるためにはどうしたらいいのでしょうか。

ひとつは、「自分自身を知ること」。今よりもっと深い視点で自分を理解することです。

誰かの経験やアドバイスがあなたを変えてくれるのではなく、あなたが変わるための「答え」はあなたの中にあります。自分のことは自分がよくわかっているつもりでも、実際はあなたのまわりの人たちのほうが、あなたのことをよくわかっているでしょう。自分を知ることの大切さを頭では理解しているつもりでも、具体的にどうすればいいのかを知っている人はほとんどいません。

あなたの強みや、知られざる魅力、これだけは譲れないもの、あなただからこそ提供できる価値など、あなたは自分のことを聞かれたらすぐに答えられるでしょうか。

あなた自身の思考パターンやこれまでの数々の経験や決断もすべて、今のあなたをつくっている大切な要素です。

それらを棚卸しして、きちんと理解しておくことは、あなたが目標に向かう時、あなたが変わりたいと願う時、大きな道しるべになってくれるはずです。

ふたつめの人が変わるために絶対に外せないポイントは「人間関係」にあります。
あなたが今どんな人と関わっているか、どんな関係性を築いているかどうかが、あなた

の未来を変えていきます。ポイントは、これからどんな人と関わっていきたいかばかりに意識を向けないこと。重要なのは、あなたが今関わっている人たちとの関係をいかに大切にできているかどうかです。自分が持っていないものや、欠けているものばかりに目を向けている人のことを、まわりの人たちはどう思うでしょうか。

「いい人材がチームにいない」と言って、今いるメンバーをないがしろにしているようなリーダーの元に、優秀な人材が集まるでしょうか。そんな寝言を言っている暇があるなら、今すでに関わっているメンバーや、身近な人との関係性を見直していくことです。

人は簡単には変われません。でも「誰かとの関係性」は変えられます。関係性さえ変えられれば、自然と結果は変わっていくのです。

私たちプロのコーチがフォーカスするのはクライアントが「自分自身を深く知ること」と、クライアント自身の「人間関係」です。「誰かとの関係性」の中でこそ、ビジョンを描き、それを達成したい、手に入れたいというモチベーションが湧き、目指す未来に向けて、あなたを変える力が生まれるのです。

キラー・クエスチョン

KQ 01

結果を変えるために、誰との関係性を変えますか？

02

あなたの「答え」はどれも本当で、すべて嘘

「これまで生きてきて、一度も嘘をついたことがない」という人はいないと思いますが、嘘にもいろんな種類の嘘があります。

相手を騙す嘘、自分を良く見せるための嘘、相手を思う優しい嘘、その場を逃れるための嘘、嘘をついている自覚のない嘘、自分を欺く嘘。

コーチをしていてあらためて気づかされることは、やっかいなことに私たちは自分自身にも嘘をつくということ。自分を守るために嘘をつき、自分をごまかし、無意識にも自分の選択を正当化していることがあります。

コーチングで引きだす答えも、それは本当かもしれないし、嘘かもしれません。

私自身、「いつかコーチとして独立したい」と思いながらも、何年も動けずにいました。

自分には独立できるような能力も勇気もないと思っていましたし、「私はそこまで望んでいない」と自分に言い聞かせていました。

自分の可能性を自分で否定してしまえば、それ以上未来に向かい挑戦することもなく、できない自分にがっかりさせられることもありません。しかし決して望む未来へ辿り着くこともありません。

そうやって、気づかないうちに現状を変えることのハードルを自ら上げていくのです。

あなたが自分の「答え」をどう引きだしていくのかも、その「答え」をどう活かしていくのかも自分で選択できます。どんな選択肢を持つかも、それをどう選ぶのかもあなた次第です。**大事なことは常に自分の出した「答え」を疑い続けることです。**あなたが自信を持って出した答えも、時間が経てば風化し変わっていくかもしれません。

あなたは最近、自分に嘘をつきませんでしたか？

その嘘は**あなたを欺き、成長を止めるものではありませんか？**

自分を守るための優しい嘘は、時にあなたの可能性を奪い、挑戦する力を失わせる残酷な嘘になることがあります。

どんな時もあなたのそばにいて、あなたを励ましてくれる最も身近な存在は、あなた自身です。

あなたは自分の可能性にワクワクしていますか？

挑戦する前に「自分にはどうせ無理だろう」とか「別に望んでいないし」と、これまでの自分のふがいなさを引き合いに出し、未来の自分まで決めつけてはいませんか？

まずはあなたが自分自身に対して、誰より応援できる存在であるために、コーチングの力を最大限に活用してほしいと思います。

キラー・クエスチョン

KQ 02

あなたが自分を守るためについている嘘は何？

03 あなたがリーダーに相応しいかどうかは、メンバーが決める

これからの時代、リーダーは役割を与えられたからといって務まる時代ではありません。

あなたに与えられた地位や役割が、あなたをリーダーにするのではありません。経営者だから、2代目だから、辞令を受けたからといって部下やメンバーが自分についてくると思ったら大間違いです。

あなたがリーダーに相応しいかどうかを決めるのは、あなたの部下やメンバーです。あなたが真のリーダーになれるかどうかは、あなたをリーダーとして認め、ついてきてくれるメンバーの存在があってこそです。

経営者や役員の方を対象としたエグゼクティブコーチングや、企業の管理職向けのコーチング研修をしていると、そのことに気づいていないリーダーやマネージャー職の方が少なくありません。

ご存知の方も多いかと思いますが、人材育成やチームビルディング、リーダーシップについてGoogleが調査した大規模なプロジェクトがふたつあります。そのひとつが最高のマネージャーになるための8つの習慣を明らかにした「プロジェクトOxygen」です（その後2項目プラスされ、現在は「10の行動様式」に更新されています）。

Googleは2002年にすべてのマネージャー職を廃止して、管理職のいないフラットな組織にするという実験を行いましたが、失敗に終わりました。

その後、2008年に「プロジェクトOxygen」の調査チームが明らかにしたのは、「マネージャーの存在が極めて重要だった」ということでした。有能なマネージャーがいるチームは、満足度も生産性も他に比べて高いことがわかったのです。

有能なマネージャーについて明らかにされた8つの習慣のうち、一番重要な要素としてトップに来たのは「優れたマネージャーは良いコーチである」という項目でした。

今、リーダーやマネージャーに求められているのは、昭和の戦後復興の時代に日本経済を力強く押し上げたトップダウン型のマネジメントではありません。

上からの一方的な指示やアドバイス、命令などは、ひと昔もふた昔も前の古いやり方を押しつけるだけになりかねません。

優秀な人材の「やり方」を他のメンバーに真似させるような、コピーを量産するような手法も通用しない時代です。それでは結果が出せないどころか、メンバーはそれぞれのアイデンティティを大切にしてくれないリーダーのマネジメントに疑問を抱き、遅かれ早かれチームを離れていくことになるでしょう。

リーダーシップについても、様々なスタイルがあり、どれも効果的かもしれないし、逆効果かもしれず、確実に言えることは「絶対」も「正解」もないということです。

今は視点が少なく視野の狭いリーダーに、メンバーがついていく時代ではありません。価値観が多様化しているなかで、リーダーの価値観を一方的に押しつけるようなチームづくりがうまく機能しないことは、優秀なリーダーなら痛いほど知っています。

ビジョンを掲げ、先頭に立ち、チームを力強く率いているつもりでも、メンバーは本心ではどう感じているでしょうか？

終身雇用が崩壊した今、「このリーダーには、もうついていきたくない」と上司に愛想を尽かしたら、メンバーは簡単にチームを離れていきます。

今多くの人事担当者の方が抱える悩みは**「優秀な人材の確保が難しい」**という避けることのできない厳しい現実です。ひとつの会社に縛られずにキャリアを育む時代において、今後ますます企業が求める人材の確保は困難になるでしょう。

そんな時代のリーダーに求められていることは、ただひとつ。

「あなたのためにも頑張りたい」と、あなたがメンバーに心から思わせることができるリーダーかどうかです。あなたが今までの人生で、「この人のためにも頑張りたい」と思った上司やリーダーはいましたか？

もしいたとしたら、その上司はあなたにどんな関わりをしてくれる人でしたか？

私自身は今振り返ると、「この人のためにも頑張りたい」と思ったリーダーは、私以上に長い目で、仕事だけではなくプライベートも含め、私の人生を自分ごとのように考えてくれた人でした。

その人は、それを言ったら嫌われるだろうということさえも、嫌われることを恐れずに、私に堂々と伝えてくれた人。**重要なのはあなたが部下やメンバー以上に、彼らのキャリアや人生を長い目で見て大切に考えているかどうかです。**

いまだに自己流のコミュニケーションを振りかざして、そのポジションにあぐらをかいているリーダーは、そう遠くないうちにそのポジションを追われるでしょう。

無能なリーダーに大切な社員を預け、チームを任せ続けるような企業に未来はありませんから、自然と淘汰されるか、その前にリーダーとしての自分の在り方を見直すかはあなた次第です。終身雇用、年功序列の時代はもう終わり。

「あなたがいるから、私はここで働いています」とメンバーに言わせるほど、あなたは魅力的なリーダーになれていますか？

キラー・クエスチョン

KQ 03

あなたをリーダーにしてくれているメンバーは誰？

04

リーダーの仕事は「リーダーを育てること」

リーダーにとって大切なことは、リーダー自身に足りない要素をきちんと理解し、それをメンバーに補ってもらい、それに対して感謝の気持ちが伝えられていることです。

そのためにリーダーが持っていなければならない視点はふたつ。ひとつは自分の弱点を理解し、それをメンバーに伝えられているかどうか。もうひとつは自分にない部下の強みを、あなたが知っているかどうかです。

さらにリーダーに求められる最も重要な役割は、あなたの次のリーダーを育てることです。

次のリーダーを育てるために、あなたが気をつけるべきポイントは、「俺のおかげでできただろ」とか「私のようになりなさい」と自分の影響力を与えようとしないことです。

「自分の的確なアドバイスや指導で部下を育てた」という関係ではなくて、**部下に「私は**

自分の力でこれができた」という感覚をどれだけ感じさせているかどうかです。

私の知る一流のリーダーは、「○○さんのおかげです」と部下に言わせるような育て方をしていません。コーチも同じで「ありがとう」を言われないのが一流のコーチと言われています。もちろん感謝はされても「私はやれたんだ」「達成できたのは自分が頑張ったからだ」という実感をどれだけ残せているかどうかが重要なのです。

企業に面談に伺うと、次世代のリーダーを育成する必要性を感じている方が少なくありません。しかし、緊急度の高い新人研修などが優先されやすく、リーダー育成はどうしても後回しになりやすいのだそうです。

重要度が高く緊急度が低い課題ほど、本来は腰を据えて対応する必要がありますが、現実はなかなかうまくはいかないものです。

リーダーを育てるというのは、あなたが細かく指示を出して、正しいやり方や、あなたのやり方を伝授することではありません。

大切なのは**次のリーダーが自ら育つ環境を、あなたがつくれているかどうか**です。

ある大手企業の管理職として活躍する女性リーダーが、メンバーに対してこんな風に話していたことがありました。

「自分がいなければ、仕事が進まない」

「仕事を任せられる優秀な人材がチームにいない」

現実はそうなのかもしれません。

しかし、そうさせているのは、ほかでもないリーダー自身なのです。

優秀なメンバーを育てることができない、自分の能力不足を棚に上げて、まわりのせいにするのはリーダーとしての能力の低さを自ら肯定しているようなものです。

私自身、自分がリーダーとしてチームをまとめることに必死になっていた時、「次のリーダーを育てる」ということは後回しどころか、考えてもいませんでした。

コーチングを受けて次のリーダーを意識して初めて、その課題にアンテナを立てることができました。

リーダーのあなたに会社が求めている能力は、「次世代のリーダーを育成する力」。

チームや企業の未来にとって大切な、次世代のリーダーを育てられるかは、もはやその企業が激動の時代を生き残れるかの死活問題です。

部下やメンバーの力を引きだし、次のリーダーが育つ環境をつくるためには、**あなたのチームにどんな人材がいて、どんな個性や強みを持っているのかを、リーダーであるあなた自身が本人以上に知っている必要があります。**

そして、メンバーの強みを活かしながら成長できるよう応援し、彼らの能力を伸ばすことが大事です。優れたリーダーは「ひとりの力の限界」を知っている人とも言えます。

メンバーを育てるうえで、一人ひとりとの信頼関係も重要なポイントになります。チームの強さは「かけ算」になるはずが、リーダーの関わり次第では、「足し算」どころか「引き算」にも、「マイナスのかけ算」にもなりかねません。

あなたのチームが進化するためには、**あなたの部下やメンバーに「あなた以上に活躍してもらうこと」が不可欠です。**チームや組織は新陳代謝を繰り返しながら、さらにその強みやチーム力をバージョンアップさせていくのです。

常にリーダーがスポットライトを浴びるのではなく、部下やメンバーの成長の機会をどんどん提供していけるリーダーこそ、これから真に求められるリーダーであり、メンバーを頼もしいリーダーに育てていくために、今、最も注目を浴びているのがコーチングなのです。あなたがコーチとして部下の成長を後押ししていけば、あなたはリーダーとしてさらに輝き、いつかあなたがチームを離れる時、安心して任せられるリーダー候補が育っているはずです。

キラー・クエスチョン

KQ 04

あなたの次のリーダーは誰？

05

慕われるリーダーの「夜の習慣」

あなたは寝る前に、何を考えていますか？

毎晩「仕事のストレス発散だ！」とばかりに、お酒に酔って寝ていないでしょうか？

マネジメントで大切なのは、社員としてメンバーを見るのではなく、**ひとりの人間として向き合うこと、ひとりの人間としてメンバーに興味を持つことです。**

私が知る優秀なリーダーは、必ず寝る前にどうしたらメンバーがもっと働きやすくなるか、彼らが成長できるか、部下の笑顔が増えるかを考えています。

そして、そのルーティンが、自分をより幸せにすることを知っているのです。

私の尊敬するリーダーのひとりは、定年まで企業勤めをしていた私の父です。

父は娘や家族に、ものすごく優しい人でした。

私が小さい頃は残業や接待も多く、ほとんど休みが取れない限られた時間でしたが、その中で、めいっぱい遊んでくれました。よく面白いことを言って笑わせてくれた優しい父に、怒られた記憶はほとんどありませんでした。

そんな父が「鬼の林」と呼ばれていたことを知ったのは、私が20代になってから。ちょうど私が転職するタイミングで「ゆか、今度会社の展示会の仕事で人が足りないから、手伝ってくれないか？」と声をかけられ、父が勤める会社の仕事を何度か手伝ったことがありました。

その時、父の部下の方々から聞かせてもらったのは、父が「鬼の林」と呼ばれ、とても厳しくて有名だったことや、他の営業所からも恐れられていたという数々の鬼エピソードでした。

「それはいつの話だ。覚えていないな、前世か？」と言って父は笑っていましたが、父から怒られた記憶がほとんどない私にとって、恐れられるほど厳しかった父の意外な一面に心底驚いたものです。

そんな父の夜の習慣は、**寝る前に一緒に働くメンバーのことを考えることでした。**

部下はもちろん、同僚や上司といった、父と一緒に仕事をする仲間でもある皆さんの話を、よく娘にも話してくれました。

「どうすれば、もっとチーム（営業所）が良くなるか」

「どうすれば、あいつがもっと成長できるか」

そんなことをよく考えていたと、私が自分自身のマネジメントに悩んだ時、父から聞かせてもらいました。

父の話によく登場した方は、今は父が勤め上げた会社の代表取締役をされています。父が生きていたら、その活躍ぶりをどれだけ喜んだことかと思います。

一緒にいる時でさえ、部下やメンバーのことを考えていないリーダーは多いものです。リーダーに求められることの多さを考えれば、仕方ないことかもしれません。

しかし、そこまでを期待されているのがリーダーでもあります。いつも自分のことばかりに終始しているリーダーのことを、部下や上司はどう感じるでしょうか。

私も父の習慣を見習って、寝る前にメンバーのことを考える時間を持つようになりました。最初は義務的だったその時間も、自然とメンバーやクライアントの表情が浮かぶようになりました。たとえその習慣は相手に知られることはなくとも、その思いやスタンスは伝わるものなのだと実感しています。私は自然とそういう時間を持てるようになった自分に成長を感じていますし、そんな自分が気に入っています。

「鬼の林」と呼ばれた父が、勤務期間を更新することなく60歳で退職する時、最後に勤めていた仙台支社の皆さんが盛大に定年退職のパーティを開いてくれました。

「ぜひ、ご家族の皆さまも」と、母と私たち娘二人も呼んでくださりパーティに伺うと、会場を埋め尽くすほど、北は北海道から南は九州まで、大勢の方々が駆けつけてくれていました。全国を転勤してまわった父が各地でお世話になった方々でした。

いろんな方言が飛び交うなか、熱い抱擁に照れる父の姿を見て、部下やメンバーの皆さんから愛されるリーダーだったこと、父が職場の皆さんのことをどれだけ大切に思っていたか、感謝していたかを、あらためて知ったのでした。

いつもはあまり見ない、職場の皆さんと無邪気に笑い合う父の嬉しそうな姿を見て、私は嬉しく誇らしい気持ちでいっぱいだったことを覚えています。

好きな人のことは、寝る前に意識しなくても思いだすものです。ですが恋愛感情はなくても、同等に大切に、その人の成長を願っていると、夜寝る前に「今日はどうだったかな?」と顔が浮かぶものです。

メンバーから愛され、慕われるリーダーには理由があります。

もしあなたがもっと部下やメンバーとの関係性を深めたいと感じるなら、ぜひこの「夜の習慣」を参考にしてみてください。

キラー・クエスチョン

KQ 05

あなたが寝る前に思いだすのは誰の顔？

06

その「存在」はメンバーの心に問い続ける

私が出会ってきたクライアントで、共通して結果を出し続けているクライアントは、「あの人ならこんな時どうするだろう」という存在と必ず出会っています。

そういう出会いがあった人は強い。

たとえあなたにそういう存在がいなかったとしても、あなたが誰かのそういう存在になってほしいと思います。

メンバーから慕われ、信頼されるリーダーの心の中には、自分にはない視点を常に投げかけてくれる心のお守りになるような存在が生き続けているものです。

「こんな時、あの人のあの質問が飛んできそうだな」

「最後に気を抜くんじゃねえぞ」

そんな声が聞こえる気がする、など。

なぜなら、私たちの視点を増やし視野を広げる最も簡単な方法のひとつが、**自分ではない「誰かの視点」を取り入れ、その視点で感じてみることだからです。**

先日ある経営者の方のセッションを担当していた時のこと。

その方は「あの人なら、ここをどう切りぬけるだろうか」と、ご自分のメンターを想い描きながら戦略を立てていました。

コーチングを受けていくなかで、「こんな時、彼ならどう考えるだろう」という問いを、常に自分自身に投げかけるようになったと聞かせてくれました。

私たちは無意識にも、自分にメリットがあるかどうかを見極め、感じ取って、選択し行動しています。

リーダーとしてチームやメンバーをリードしていくためには、ただ無意識に自分のメリットを優先した選択ばかりしていては誰もついてきてくれません。

チームの誰より広い視野と視点を持ち、メンバーとの人間関係を大切にできる人でなければリーダーは務まりません。

どんな時も自分視点で物事を考える視点の少ない人は、メンバーとの信頼関係を築けていない可能性があります。

あなたにとって足りない視点を補ってくれる人は誰でしょうか？


私にとって、それは父の存在でした。

人間関係で悩んだ時、チーム全員で高い目標を絶対に達成しなければならなかった時、父ならどう考えるかを常に自分の中に持っていました。

「この状況、『鬼の林』ならどう乗り切るだろうか」と。


大切なのはあなたの心の会議室に、どんな人が座っているかです。

そういう存在がひとりもいない人は、ぜひここであらためて、あなたの中に生かし続けたいリーダーを思い描いてみてください。あなたの好きな歴史上のリーダーでもいいかもしれません。

スティーブ・ジョブズ氏の有名な言葉に、「Stay hungry, Stay foolish（ハングリーであれ。愚か者であれ）」という言葉があります。

先日、その言葉を自分の心の中に生かし続けているという、若きリーダーに会いました。今、世界中の何人の人が彼の言葉を紡いでいるでしょうか。彼の存在や彼の言葉をお守りにして、自身の毎日に活かしているでしょうか。

また、ある男性経営者は「伝説の経営者」と呼ばれたジャック・ウェルチ氏の存在を大切にしていました。そのクライアントに「ジャック・ウェルチ氏のどんな視点を自分に取り入れたいですか?」と尋ね、次回までの宿題にしました。

『リーダーになる前は、成功とはすべて自分自身の成長を指している。だがリーダーになれば、成功とは他の人の成長を意味する』

彼はこの言葉をリーダーとして自分も大切にしたい視点に加えました。

それは彼にとって、今集中し取り組むべきもの、手放すものが明確になり、迷いを軽減することにつながりました。

ちなみに孫正義氏が坂本龍馬の大ファンであることは有名な話です。

あなたがこれまでに出会ってきたリーダーにも、きっとそういう存在がいるはずです。

そのルーツを知ることは、相手をより深い視点で知る良いコミュニケーションになるでしょう。その存在があなたのすぐ近くにいる人でも、会ったことのない歴史上の人物でも、たとえもう2度と会えない人でも。

今そういう存在があなたの心に生き続けているなら、それはリーダーとしてのあなたの背中を支えてくれる、かけがえのない存在になっていくはずです。

キラー・クエスチョン

KQ 06

あなたの「心の会議室」に座っているメンバーは？

07

「本物のリーダー」と「偽物のリーダー」の違い

「あなたのリーダーとしての信念は何ですか？」

これは私がリーダー層、特にエグゼクティブコーチングで必ずする質問です。

この問いを自分で持ち、常に自分に投げかけているリーダーは、この問いにすぐに答えられます。もしあなたが答えに詰まるのなら、普段それについて考えていないからです。

先日珍しく遅い時間の電車に乗った時のこと、新卒らしき女の子に対して、酔っ払って仕事に対する自分の信念について、気持ち良さそうに話している残念な上司がいました。私は酔ってつまらない話にくだを巻く上司を見ると、内心ぶっ飛ばしたくなります。

自分がどれだけすごいのかを聞かされ続けた30分は、きっと彼女にとっては何の身にもならない時間だったのではないかと思います。

上司だからといって、部下の貴重な時間を奪う権利はありません。
リーダーがメンバーに向ける過剰な承認欲求は、客観的に見ると恥ずかしいものです。

あなたのリーダーとしての「信念」は何でしょうか？
それについて、多くの方が考えたことはあるものの、曖昧にして、自分の中でしっくりきていない、という方も少なくないと思います。
この信念を明確に持てているかどうかは、リーダーとしてあなたがまわりに与える印象や言動を大きく変えるポイントとなるはずです。

私たちが提供する講演や研修では、リーダーにとって大切な「信念」と「思いこみ・決めつけ」の違いを考えてもらい、その違いを明確に説明しています。

『私のリーダーとしての信念は、母親という立場を言い訳にしないことです』

ある女性リーダーが自分の信念について、こう話してくれました。
「どんなに忙しくても、母親であることを言い訳にせず仕事に向き合い、母として、リーダーとしての自分に誇りを持つ。母だからこそ、仕事もプライベートも今まで以上に力を注ぎ、メンバーの成長を応援したい」と。

彼女の信念はとても立派で尊敬しますが、その反面「母親という立場になり、今まで通りに働けないメンバーや、仕事とプライベート両方に力を注ぐのが難しいメンバー」を非難する発言にもなりかねません。

私たちは時に、信念を持つことによって、誰かを否定、批判してしまう可能性があります。

あなたが持つ信念は、無意識のうちに誰かを傷つけていることがあるかもしれないのです。だからこそ、その信念を見直し、様々な視点で捉えてみることが大切です。

ちなみに、私が今大切にしているリーダーとしての信念は、「本当の優しさを持って関わり、相手の成長に貢献すること。メンバーが安心して挑戦できる土台を築くこと」です。私はずっと自分は優しい人間でありたいと思ってきました。そんな自分を疑う視点も特に持ち合わせていませんでしたが、コーチングを学んで気づいたことは、私は「メンバーに向ける本当の優しさ」を持っていたのではなく、私の関わりは「優しい人だと思われたい」という自分の欲求から来る言動だったということです。

たとえその時、相手が嫌な思いをするかもしれなくても、その場限りの優しさで関わらないこと、伝えるべきは伝えること。もっと長い目で見て、メンバーの成長に貢献すること。

そしてメンバーが安心して、自分の可能性に挑戦してみよう、トライしてみようと行動に移せる環境をつくること。短期的な結果だけに縛られるのではなく、そのプロセスに価値があると思ってもらえるような環境とチームをつくれたらと思っています。

私たちが今置かれている状況をどう考えるか、何を大切にするのかは一人ひとり違って当然です。

リーダーが持つべき信念とは、その信念を持つことで得るものだけではなく、失うものまで多角的に考えて、選択しているかがポイントです。そして、その信念も時間とともに変化していく可能性もあります。その信念を持ち続けることが、自分やチームにとってどんな影響があるのかを、定期的に見直していくことが重要です。

あなたがリーダーとして「自分の信念はこれだ」と胸を張って言える信念をぜひ見つけて、その信念をブラッシュアップしていってください。

キラー・クエスチョン

KQ 07

「リーダーとしての信念」を10秒以内に言えますか?

08

リーダーに最も求められる「曖昧にされた能力」

私はこれまで多くの企業の人事担当者が集まる場で、コミュニケーションの定義を伺ってきましたが、それについて自信を持って答えられる人はほとんどいませんでした。

日本経済団体連合会（経団連）の「新卒採用に関するアンケート調査」でも、企業が選考で重視した点は、**16年連続で「コミュニケーション能力」が1位**です。（2018年度の調査）

採用で一番重視される大切な能力こそ「コミュニケーション力」だと言われているにもかかわらず、人事の最前線で活躍される方々にその定義を聞いても、ほとんどの人が答えられないのが現状です。

長年にわたり大事だと言われながらも、こんなにも曖昧にされ続けている「能力」があるでしょうか？

私たちは思いのほか、重要な言葉さえ曖昧にしたままで使っています。

自分の言葉にして、声に出してみて、初めてその曖昧さに気づくものです。

それだけわかっているつもりで、わかっていない、考えているようで深く考えていないのが私たちなのです。


コミュニケーションの定義に正解はありません。

ネットや辞書で調べれば、その定義はいくらでも出てきます。

大切なのは一般的な定義を知ることより、あなたがそれをどう捉えて使っているか、そしてそれをどれだけ「最適解」として、自分の中に落としこめているかです。


コーチングでは、クライアントの重要な言葉を明確にしていくアプローチがあります。

なぜ曖昧にしたままにせず、その先まで深く考える機会をつくるかというと、曖昧にしていたり、抽象的すぎると、大事なこともぼやけたままにしてしまうからです。コミュニケーションの際に重要視するポイントも、あなたがリーダーとしてメンバーと関わる軸も曖昧になってしまう可能性があります。

コミュニケーション力が誰より問われるリーダーが、その本質を理解していない、自分の中に落としこめていない状態では、とてもまわりからの信頼を得ることはできません。

チームをまとめ、メンバーのパフォーマンスを発揮させる責任があるリーダーにとって、最も求められる能力はコミュニケーション力です。

あらためて、その「コミュニケーション力」とは何ができる力ですか？

あなたのリーダーとしての軸を確立するためのヒントはここにあります。

ぜひこの機会に、あなたにとってのコミュニケーション能力とは何かを明確に定義し、あなたの揺るぎない強みにしてください。

キラー・クエスチョン

KQ 08

「コミュニケーション能力」の定義を、
自信を持って答えられますか？

09

言葉は同時に「二つのメッセージ」を発している

あなたが発する言葉には、言葉通りの「表のメッセージ」と、投げかけた言葉とはまるで違う意味合いを持つ「裏のメッセージ」という側面があります。

「裏のメッセージ」とは、あなたが無意識に持っている「裏の意図」です。そしてコミュニケーション力の高い人には、その裏の意図は伝わってしまうものです。

対面でのコミュニケーション以外にも、文字や文面などＳＮＳの発信などからも同じように「裏のメッセージ」は伝わります。

「私は幸せ！」とＳＮＳで何度も発信している人は、幸せな人ではありません。不安だから「自分は幸せ！」とアピールして、自分を安心させたいだけなのです。

こういう人は、一見「私は幸せだ」というメッセージを発信しているように見えて、「実は私、不幸です」と発信しているようなものなのです。

言葉には「表言葉」と「裏言葉」があります。

鋭い部下はあなたの発する言葉から、あなたの「裏言葉」も読み取ります。

あなたは、あなたが発する言葉の裏側の感情「裏言葉」まで意識できていますか？

そこをきちんと理解して、コントロールできている人、キャッチしている人はコミュニケーション能力が高い人だと言えます。

例えば、部下の言う「大丈夫です」という言葉。

「大丈夫」という言葉の裏側には様々なメッセージが含まれます。

リーダー自身も部下やメンバーの「裏言葉」をきちんと読み取れる関係性を築かなければ、然るべきタイミングで手を差し伸べることができなくなってしまいます。

リーダーが意識しなければならないのは、あなたが普段発している言葉から、メンバーはどんな意図をキャッチしているのかということ。

それをあなた自身がわかったうえで伝えられているかが大切です。

言葉自体はコントロールできても、「裏言葉」は自分でコントロールするのは難しいものです。過去私に「林さんのこと、信じているよ」と声をかけてくれる上司が二人いました。ひとりの上司の言葉は「林さんのこと信じられないから、よろしく頼むよ」と言っているように聞こえました。しかし、もう一方の上司の言葉は「信じているから、頑張ってね」と言葉通りに受け止めている自分がいました。

その違いは何かというと、彼らの日頃の言動です。

日頃の関わりによってはその言動がマイナスに働き、自分の不安を解消するために、ただプレッシャーを与えているだけのメッセージになってしまう可能性も大いにあります。

ポイントは「不安からの言葉なのか、愛からの言葉なのか」です。

リーダーが発する「裏言葉」は、時に信頼を失う致命傷となることがあります。

リーダーは日頃から、リーダーとしての言動に人一倍意識を向け、メンバーとの関係性を見直し、言葉やメッセージを発信してく必要があるのです。

キラー・クエスチョン

KQ 09

あなたは自分の「裏言葉」まで理解していますか？

10

リーダーのコミュニケーション力の測り方

あなたのリーダーとしてのコミュニケーション力を簡単に測りたい時に、ひとつおすすめなのは、「職場での口癖を2分以内に3つ以上出してもらうこと」です。

あなたもぜひ、職場での口癖を3つ考えてみてください。

あなたは2分以内に自分の口癖が3つ以上言えましたか？

もし3つ以上出てこないなら、あなたのコミュニケーション力にはまだまだ「伸びしろ」があると言えます。

なぜこれでコミュニケーション力が測れるかと言うと、私たちには自分自身を客観視する能力があり、その能力には個人差があるからです。

それを「メタ認知能力」と言います。

「メタ認知能力」は、今非常に注目されている力で、簡単に言うと「自分を客観的に捉える力」であり、まさに今からの時代のリーダーが身につけておくべき大切な能力です。

これからの変化が激しい時代を、自分で客観的に捉えてベストな答えを引きだしながら、改善修正し、主体的に対応できる力とも言えます。

「メタ認知能力」が高い人の特徴としては、いつでも冷静に柔軟に対応できること。

まわりがどう感じているかを俯瞰して捉えることができるので、その適度な距離感や関係性を保つことができます。

企業研修で口癖のワークをすると大変盛り上がりますが、不思議なくらい自分の口癖に気づいていないケースがほとんどです。人によってはたった数分の会話の中で、何十回もその口癖を使っている場合もあります。

そういう時は隣の人に「お隣の方の口癖を教えてあげてください」と言うと、ほぼ間違えずに本人に口癖をフィードバックしてくれます。
不思議ですが、気づいていないのは本人だけ、という場合が多いのです。

あなたの口癖が、どんな種類のものなのかを知ることもとても大切です。
ポジティブなものからネガティブなものまで様々なタイプの口癖があります。

あなたがよく使う口癖は、あなたを励まし、奮い立たせてくれる言葉ですか？
それとも、あなたやあなたの部下やメンバーのエネルギーを下げるような言葉ですか？

ある注目のスタートアップ企業で活躍する若きリーダーは、何かあるたびに「面倒臭い」という口癖を自分にも相手にもばらまくように使っていたことに気づき、「次回のセッションまでの宿題に、その口癖を『それ、面白いね』に変えてみます」と言って、早速取り組んでくれました。

その後のセッションで、自分の口癖がいかに自分やまわりに対して影響力があったかを聞かせてくれました。

口には出さなくとも、自分が「面倒臭い」と心で思うたびに、チームのメンバーが話しかけにくい雰囲気を出していたこと、たった1ヶ月意識してみただけでも、以前よりずっとメンバーから話しかけられるようになったこと。

彼らの話を聴く機会が増えたことや、メンバーとの意思疎通が前に比べてスムーズになったことにより、仕事がしやすくなったと話してくれました。

人はセルフトーク（自己会話・自分自身にかける心の声）を1日に約5～7万回すると言われています。

そのセルフトークが私たちの思考パターンを形成していくのと同じように、口癖が与える影響は計りしれません。

ネガティブなものや、自分の士気を下げるような口癖は今すぐにやめることをおすすめします。

とはいえ、口癖はやめようと思っても、なかなかやめられません。もともと口癖は、自分を守るために自らつくりだした言葉の習慣だからです。

まずは使っている言葉を意識すること、ネガティブな口癖は違う表現に切り替えて、使ってしまったら、「あ、また言っちゃった」と、それに気づくこと。チームの部下やメンバーに、あなたがやめたい口癖を共有して「もし使っていたら教えてね」とフィードバックをもらうこともおすすめです。

あなたはいつも、どんな口癖を使っていますか？

相手にかける言葉も大切ですが、まずは自分自身にかけている言葉の質を見直してみてください。

キラー・クエスチョン

KQ 10

あなたの口癖がまわりにどんな影響を与えているか知っていますか？

COLUMN

挑戦の先に

コーチングを学ぼうと思った時、疑い深い私が調べに調べ選んだのが、今所属するコーチングスクールです。理由は、私が感じていたコーチングに対する違和感や怪しいイメージについて、日本の現状を誤魔化すことなく明確に説明してくれたこと。他と比べてスタートしやすい価格帯だったこと。そしてシンプルに体系化されたテキストやホームページが、オシャレでかっこ良かったから(笑)。

私は今「プロコーチ」を職業にしていますが、プロのコーチといってもピンキリです。コーチほどレベルの差が激しい職業もありません。だからこそ、最先端のコーチングを「学び続けられる環境」や「切磋琢磨できるコーチ仲間の存在」がとても大切だと実感しています。コーチこそ、日々己を磨き、自分自身が成長できる環境が不可欠なのです。「もっと質の高いコーチングができるようになりたい」そう思った私が選んだのが『TCS認定プロフェッショナルコーチ』への挑戦でした。習慣になっていたセルフコーチングのおかげで、チャレンジしてもいないのに諦める思考癖は少しずつ変化していました。トップレベルのコーチングを直接体感しながら学んだトレーニングを経て、迎えた試験当日。私は書き直さない覚悟でボールペンを手に解答用紙に向かいました。合否より、この挑戦で得られたものの大きさに感謝しながら。人が挑戦を恐れる理由は、失敗して自信を失うのが怖いからです。しかし『本当に価値ある挑戦は、たとえ失敗しても自信になるもの』だと思います。自信は行動の先に生まれます。何年悩み続けても、その時間が私たちに大きな自信をくれることはありません。勇気を出して踏みだした一歩には到底敵わないのです。もしあなたに挑戦してみたいことがあるなら、まずは一歩を踏みだしてみてほしい。そして、その行動からしか得られない自信を味方に、その先へ続くあなたの人生をさらに楽しんでほしいと思います。

CHAPTER 02

リーダーの盲点

11

リーダーが「背中」で魅せるもの

以前、仕事終わりに妹とごはんに行った時のこと。

隣の席にいた男性が「もし宝くじに当たったら、俺この仕事すぐ仕事辞めるわ」と声高々に話していました。

その発言を聞いて残念に感じたのは、延々と続きそうなつまらない話（仕事の愚痴）が私たちの耳に入ることより、その男性の向かいに座っていた若い男の子が複雑な顔をして聞いていたからです。彼は、宝くじが当たったら即仕事を辞める男性の会社の後輩のようでした。1日の仕事終わりにそんなつまらない話を長時間聞かされるなんて拷問です。「もしも」の話をつまみに会社の愚痴を延々と語り続ける男性の口に、目の前にある餃子を思い切り詰めこんであげようかと思いました。

子供の頃、年末に一度も当たったことのない宝くじを楽しそうに眺める父に聞いたことがありました。

「宝くじがあたったらどうするの？　おしごとやめるの？」

「仕事は辞めないよ。お金のためだけに働いているわけじゃないからね」

父はそう言って笑っていました。

あなたが今、その仕事をする理由は何ですか？

なぜ数ある中からその仕事を選んだのでしょうか？

仕事をする理由は皆それぞれです。もちろん生きていくためにお金は必要ですし、生活のために働いているという方もいるでしょう。

ただ、これからの時代、単純作業のようなルーティンワークや、人間の労働力に頼る労働集約型の仕事はすでにどんどん減っていますし、コンピューターの発達やＡＩ化により、ますます働き方も大きく変化していきます。そこにあなたがいる理由がなければ、その仕事はあなた以外の誰かや何かに置き換わっていく可能性が高いのです。

あなたが「なぜその仕事をするのか？」という理由を明確にしておくことは、とても重要です。あなたがチームにいることが、チームやメンバーにどんな影響を与えているのかを考えてみてください。


リーダーがメンバーに魅せるべきは「今の自分の仕事にどれだけ誇りを持って取り組んでいるのか」を語れる背中です。


もしもあなたが、今取り組んでいる仕事の魅力もろくに語れずに、その仕事をしているのだとしたら、きっと部下には相当つまらない背中を見せていることでしょう。

ビジョンを描き、自分のキャリアを楽しみ、何かに挑戦したり、そのプロセスをメンバーたちと共有していたとしたら、メンバーがあなたを見る目はきっと違うはずです。

もしあなたが今、自分のやっている仕事にたいした意味も価値も見出せず、誇りが持てない状態なのだとしたら、そんな魅力に欠けたリーダーが率いる会社やチームに「優秀な人材」を集めることはますます難しくなるでしょうし、その状態でメンバーの気持ちを惹きつけるような引力のあるリーダーシップを取るのは難しいでしょう。

私が所属しているスクールには、1800名を超える仲間が日本のみならず、世界で活動しています。会社ではありませんし、固定給が出る仕組みもありませんが、とにかく皆自分の活動に誇りを持って精力的に取り組んでいます。

例えば『子供の孤独やいじめをなくす』をテーマに、全国各地で講演会を開催し、「コミュニケーションの力で何ができるのか」について伝えています。また教育改革とともに、学校教育の在り方が大きく見直されている今、幼稚園、保育園の先生や、小・中・高校の生徒たち、教師の方々に向けてコーチングの授業を提供しています。

なぜ、何にも縛られず「やれ」とも言われず、ただコーチングという学問をともに学ぶ仲間である私たちが、チームを組んで一丸となり、情熱をかけて取り組んでいるのかというと、心から届けたい人たちがいるから。そして、その活動をしている「自分自身が誇らしいから」です。

その姿を自分の子供たちにも見せたいし、彼らが大きくなった時の社会が少しでも明るいものにするためにも、力を尽くしたいのです。

自分の仕事に誇りを持つか、持たないかは自分次第です。

今、あなたがしている仕事は、よほどでなければ、数ある仕事の中からあなたが自分で選択した仕事だと思います。

リーダーとして大切なのは、どれだけ稼いでいるかより、どれだけ評価されているかより、どれだけあなた自身が今その仕事に誇りを持てているかどうか。

その誇りをどれだけ部下やメンバーに魅力的に伝えられているかです。

背中で部下に魅せるべきなのは、「俺の仕事のやり方」や「私のノウハウ」ではありません。

リーダーであるあなたの、仕事に対する「揺るぎない誇り」なのです。

キラー・クエスチョン

KQ 11

もし働く必要がなくても、今の仕事を続ける理由は何？

12

あなたはパンツを履いているのか？

あなたは3ヶ月以内に上司や部下から、伸びしろとなるような改善すべきフィードバックをもらいましたか？

もしもらっていないのなら、結論、あなたはパンツを履いていません。

まわりのメンバーが感じていることや、リーダーに対してこうしたほうがいいと思っていることがあるのに、それに気づいていないのはあなただけかもしれません。

部下との関係性を築くうえで大切なのは、普段から「部下やチームのメンバーからフィードバックがもらえる関係性」をつくっておくことです。あなたが「リーダーとしてすごい人だ」とメンバーに感じてもらうことや、あなたが的確なアドバイスをメンバーにしていることが、良い関係を築いているポイントではありません。

部下があなたに堂々と、あなたの伸びしろについてもフィードバックができる関係、環境をつくれているリーダーほど、優秀で余裕があり、色気があるリーダーだと思います。

私たちが目標に向かう時、早く確実にそこに到達するために重要なのは、どれだけ自分の修正点や改善点を具体的かつ客観的に把握できているかです。

その自分では気づきにくい修正点や改善点を知るために、一番効果を発揮するのは「フィードバック」をもらうことです。

多くの世界的な経営者やビジネスリーダーはコーチをつけています。

ビル・ゲイツ氏はＴＥＤの講演で「すべての人にコーチは必要です。私たちには、フィードバックをしてくれる人が必要なのです。私たちは、フィードバックを受けることで、向上するのです」と述べています。

フィードバックが私たちの成長にとって欠かせない大切な要素であっても、日常の中に習慣として取り入れている人は多くありません。

リーダーがするフィードバックも、相手の状態や目標をしっかり共有していないと、効果的なフィードバックは難しいものです。何より相手との信頼関係が築かれていなければ、相手は批判されたと受け取り、あなたから言われたくないと拒絶される可能性もあります。**リーダーは、まず自分自身を客観的に見れていなければなりません。**誰より自分の改善点や「伸びしろ」について真摯に受け止め、修正すべく行動している必要があります。

あなたは、気づかぬうちに「裸の王様」になっていませんか？

もしあなたが自分では気づかない、大切な「伸びしろ」を見つけたいと思ったら、まずはあなたが信頼する部下にフィードバックをもらってみてください。

大切なのは「こんなことも伝えていいんだ」と部下があなたに感じたことを気兼ねなくフィードバックできるような「リーダーの在り方」と、その関係性を築くことです。

キラー・クエスチョン

KQ 12

あなたが3ヶ月以内にもらった
「伸びしろフィードバック」は何？

13

ハラスメントの「境界線」

あなたの部下やメンバーは、家族や友人に「職場の上司」すなわち、あなたのことについてどんな風に話しているでしょうか。

「上司は横柄で自分勝手な人間で、ほんと困っちゃうよ」

「今のリーダーは一見怖そうだけど、意外と優しいところがあるんだよな」

メンバーのリーダーや上司に対する「本音」が現れるのはこういう瞬間です。

今、様々な業界からコミュニケーションのプロである私たちコーチに求められている研修のひとつが「パワーハラスメント対策研修」です。

ハラスメントの境界線がますます難しく曖昧になり、職場の人間関係や部下との関わり方に悩むリーダー・管理職の方がとても増えています。

悪気のない、何気ない一言がメンバーを傷つけたり、追い詰めたりしてしまうリスクや、リーダー自身がハラスメントを必要以上に意識しなければならない環境に、リーダーが追い詰められるリスクとも隣合わせです。

パワハラ防止法が施行されたからといって、現場の問題がすぐに解決するわけではありません。

そんな背景もあり、リーダーや管理職の皆さんにとっては、以前にも増してメンバーとの関係性に気を遣う時代なのではないでしょうか。

難しいのは、会社側がどんなにわかりやすく、明確なルールを打ちだしても、そこに人が介在する以上、**「パワハラを受けた」と感じるボーダーライン・境界線が相手によっても、その関係性によっても違うことです。**

「ハラスメント」とは人を困らせることや、いやがらせ、いじめのこと。

言っている側は悪気がないことが多いものです。でも、「そんなつもりはなかった」では通用しないのが今の時代です。

2016年には妊娠・出産に関するハラスメントの防止措置が義務づけられ、早ければ2020年からは企業の規模に合わせ、順次パワーハラスメント対策が事業者に義務づけられます。今まさに、様々な「ハラスメント対策」について、企業は対応を迫られているのです。

今後、ハラスメント対策や、メンタルヘルスへの取り組みの重要性はますます高くなります。**ポイントは、どれだけ予防できるか、未然に防げるかです。ハラスメントには境界線があります。「一人ひとりとの境界線」を理解していることが重要です。**日々の言動の中で、何ができていればハラスメントにならずに、何ができていない状態であればハラスメントになるのか。

いかに日常の職場での関係性が大切かということを、リーダーは今まで以上に理解している必要があります。

ハラスメント対策や、メンタルヘルス対策の鍵を握るのは、**職場でのコミュニケーショ**

ン、リーダーとメンバーの人間関係にあります。

「やる気あるの？」

リーダーから部下へのたった一言。

どんなに一生懸命取り組んでいても、思うような結果を出せない時もあります。

そんな時、普段から自分のことを気にかけてくれているリーダーから言われる一言と、いつもろくに関わりもせず、横柄な態度で信頼できないリーダーから言われる一言では、受け取る側の感情は大きく違います。

その言葉をどう受け取るかは何で決まるのかというと、言葉そのものだけではなく、リーダーと当事者であるメンバーとの関係性によって決まるのです。

「どれだけふたりの間に信頼関係がつくられているのか」

「リーダーの言動に、愛を感じられるのか」

もちろん、言ってはいけない言葉、してはいけない言動があります。

法律やガイドラインは一方を守るためだけにあるのではありません。いつ被害者にも加害者にもなるかもしれない、リーダーを守るためのものでもあります。

リーダーがコーチングスキルを身につけ、自身の在り方を見直し、メンバーと日常のコミュニケーションを通してお互いの信頼関係が強化されていくと、言葉だけをキャッチされることも、リーダーがメンバーとの関係性に不安を感じることも減っていくはずです。

大切なのは、ハラスメントを生まない土壌（関係性）をいかにつくれるかです。

その土壌をつくるのが日々の信頼関係を育むコミュニケーションです。あなたやメンバーにとって、職場でのコミュニケーションが、不安ではなく安心感を生みだす時間でありますように。

キラー・クエスチョン

KQ 13

あなたのハラスメントの境界線はどこ？

14

「能力」より大切なこと

あなたはチームのメンバーや部下に「人として」好かれている自信はありますか？

仕事に関係なく、休日を部下と過ごしたことはありますか？

リーダーとして慕われるために大切なことは、あなたが「リーダー」だからではなく、「仕事関係の重要な人」だからではなく、あなたが「ひとりの人間」としてメンバーから好かれているかどうかです。

これは仕事のみならず、すべての人間関係の土台になることです。

今、管理職の方や、人事の方が頭を悩ませることのひとつに、若手社員との価値観のギャップがあります。「『会社の歓送迎会や忘年会は、残業代出ますか？』と新入社員から言われまして困りました（笑）」というようなお話もよく聞きます。

ＴＥＤの講演でも有名ですが、ハーバード成人発達研究の75年以上にわたる研究『Ｇｒａｎｔ Ｓｔｕｄｙ』で、「人間の幸福は、何で決まるのか？」が明らかになりました。

その答えは「人生において『良い人間関係』が私たちの幸福と健康を高めてくれる」というものでした。

私たちの幸福や人生の豊かさの鍵となるのは、**身近な人たちとの良い人間関係**であり、彼らとの信頼関係や友情、愛情を感じ合えるあたたかな関係性を育んでいるかどうかということです。

そして、この研究では、孤独を感じている人は心身ともに影響を受け、短命である傾向が高いということも明らかになりました。

大切なのは、友人の数ではなく、婚姻やパートナーの有無でもなく、どんな仕事に就いているかでも、どれだけ稼いでいるかでもありません。

あなたにとって何より重要なのは、あなたの身近にいる人たちとの人間関係の質なのです。

職場であなたとともに働く部下やチームのメンバーも、あなたの家族や友人も、皆あなたの身近な関係性にある大切な人たちです。

あなたが今関わっている人たちとの関係性の中にこそ、あなたやチームのパフォーマンスを上げ、あなた自身の幸せや、あなたの可能性を最大化する鍵があります。

だからと言って、「休日にメンバーと遊んだほうがいい」ということを言いたいわけではありません。

あなたがメンバーから一度でも、「今度、週末にバーベキューに行きましょう」とか、「いつか、家族にあなたを紹介したいなと思って」と、言ってもらえるような関係性を築けているかどうかが大切なポイントなのです。

キラー・クエスチョン

KQ 14

部下から休日に誘われたことはありますか？

15

まずリーダーが斬られろ

「この人についていきたい」

「このリーダーのもとで一緒に働きたい」

あなたがそう思うのはどんなリーダーに対してでしょうか？

私自身がそう感じたのは、必要な時に先頭に立ち、自らリスクを背負って走ってくれるリーダーです。


経営者として、リーダーとして、部下やチームのメンバーから慕われているクライアントを見ていると「何かあれば、まず責任はすべて自分が引き受ける」という覚悟でメンバーを信頼しているスタンスが共通しているなと感じます。

がっかりさせられるのはその反対です。トラブルやクレーム、業績悪化の責任を追及されるような場面で、いつも誰かのせいにして逃げるリーダーの姿は本当にメンバーを失望させますし、社員や部下がそのリーダーについていこうと思えなくなるのに時間はかからないものです。

「率先垂範」という言葉があります。先頭に立って物事を行い、模範を示すことです。

組織やチームのメンバーに信頼されるリーダーは、リスクをその身で背負いながら、一番危険な場面にも後ろに隠れず、まず自分が最前線に出ていける人です。

「責任を取るから頑張れ」と言って、安全な場所で指示を出しているようなリーダーは古いです。そんなダサいリーダーには誰もついていきませんし、メンバーとしても貴重な時間を使い「この会社を守りぬこう」とか、「何が何でもやりぬこう」という気持ちにはなりません。

企業研修でも「信頼」を考える時、その対極にある「信頼できない人」によく登場するのは、肝心なところで責任を押しつけて自分は逃げるような人です。

そうではなく、肝心な時こそリーダーが前に出るのです。そして時にリーダー自ら斬られることも必要だということです。

その潔い背中も、頼もしい姿もメンバーの目にはしっかり焼きついています。自分の立場が危うくなる場面でも前に出る勇気あるリーダーのためなら「次に何かあれば自分が前に出よう」と思うものです。背中を見せて逃げるようなリーダーのためにそうしようとは思わないでしょう。結局のところ、私たち人間は感情の生き物です。

ピンチの時、一番のリスクを背負い先頭に立つ勇敢なリーダーに、こんな時代だからこそついていきたいのです。

もちろん、リスクが来ても動じないように、有名な経営者のようにリスクヘッジの策を何通りも用意しておくことは大事です。ですが、何があるかわからない時代です。

あなたは常に、自分がリスクを取る覚悟で、前に出ていますか？

メンバーを盾にして自分の立場を守るなんてダサいことはせずに、そんな時こそ、リーダーとしてあなたのかっこいい姿をメンバーに見せつけてほしいと思います。

キラー・クエスチョン

KQ 15

あなたが取っているリスクは何？

16

リーダーが知るべきは「影の努力」

以前企業研修で、「リーダーにしてもらいたいことは何ですか？」と聞いた時、皆さん様々な意見を出してくれましたが、ひとつ、そこでわかったことがありました。

リーダーにしてもらいたいことは、自分たちの仕事に取り組む姿や、今どんなことに力を注いでいるのか、上司に「ちゃんと見ていてほしい」「気づいてほしい」「わかっていてほしい」ということです。

「自分が今どんな思いで、この仕事に携わっているか」
「クライアントのリクエストが多くて大変ななか、クレームを出さずに頑張っていること」
「担当している新人のフォローが大変だけど、それでも先輩として精一杯指導していること」など、リーダーがどんなに忙しくとも、部下の仕事への取り組みをちゃんと知っておいてほしいと多くの方が話していました。

「ちゃんと見ていてくれないと、正しい評価もできないと思うから」という意見もあります。

今、私が活動するコーチングスクールは会社ではありませんが、法人・団体向けにコーチング研修を提供する専門のチームがあり、全国展開での研修や大型案件は、全国のトップコーチ陣とチームを組んで担当しています。

私たちは全国各地にそれぞれ活動拠点があるので、普段顔を合わせることはあまりありません。ですが、会社員の頃、毎日メンバーと同じ職場に出勤していた頃と比べても、ずいぶん早い段階でお互いのことを深く知ることができ連携を取れているのは、お互いにコミュニケーションを学び合っている仲間だからだろうと感じます。

そんな会社でもない、固定給が出るわけでもない、完全に自立型組織としてそれぞれが動いている私たちなので、メンバーがどこでどんな努力をしているかはなかなか見えにくいものがあります。

視野の広いリーダーがメンバーの何を見ているかというと、日常の活動はもちろんのこと、意識しなければ把握しにくい、彼らの「アピールしない努力」を見ています。

一番残念なリーダーは、部下の「目に見える努力」しか見ていないことです。

表立ってアピールはしなくても、クライアントのため、会社やチームのため、そして自分のために、やれることを自ら考えて主体的に動いているメンバーはいるはずです。

私は所属するコーチングスクールの首都圏・東北エリアのゼネラルマネージャーとして活動していますが、法人営業が初めてのメンバーも少なくありません。

「コーチングを自分のお世話になった業界へ届けたい」

「子供たちのために教育機関にコーチングを提供していきたい」

それぞれの思いで、経験したことのない営業活動にもチャレンジしています。

先日そんなメンバーのひとりが、勉強のためにひそかにテレアポのバイトをしていると知りました。

自分が苦手だと思うことにも、自ら飛びこんでやってみる。

そしてトライして学んだことを仲間たちにシェアしてくれる姿や、誰もそこまで求めていなくとも「自ら成長の機会に」と、一所懸命に取り組む姿に私はとても感動しました。

わかりやすく表立って見えなくても、あなたの部下やメンバーは影で様々な取り組みをしているかもしれません。

あなたはメンバーの影の努力をどれだけ知っているでしょうか？
あなたはそれを知ろうとしていますか？

普段目に届きにくいシーンにこそ、相手を知る貴重な情報がたくさん詰まっているのです。

もちろん影の努力や取り組みがすべてではありません。リーダーやメンバーにどんな取り組みをしているか、どんな努力をしているかを堂々と見せることも、とても大切なことです。

リーダーとして忘れてはならないのは、リーダーの視界に入ることだけがすべてではないという、当たり前だけど忘れがちなことを常に意識しておくこと。自分ひとりの視野には限界があることを知ることです。

だからこそ、他のメンバーがあなたの目や耳の代わりになるように、**貴重な情報や変化を見逃さないためにも、日頃から関係性を築いておくことが大事だということです。**

圧倒的な結果を出すメンバーは、才能やセンスだけではなく、影でも圧倒的な努力をしているものなのです。

キラー・クエスチョン

KQ 16

部下の見えない努力を知るためにしていることは何？

17

人は「聴いているつもり」で聴いていない

私が会社員の頃、チームのマネジメントに悩んだのは、メンバーの能力が低かったからではありません。

その反対で、私のいたチームは20〜30名ほどの女性で構成されていて、メンバーはみんなとても優秀で、会社に貢献している人ばかりでした。

メンバーの約半数は私より会社でのキャリアも年齢も上といった状況で、突然マネジメント役を任された私は、正直戸惑っていました。

これまでもクラブのリーダーや部長を任され、職場でも管理職を担当し、何かあれば長女気質のお世話好きな性格でまとめ役を担当することも少なくありませんでした。

しかし、個性豊かで優秀な女性たちをどうまとめていけば良いか、当時の私には全く自信がありませんでした。

そんななか、コーチングという手法を知り、学び続け、約3年にわたり職場で実践してきた私が何より大切にしたことは「どんな時も、メンバーの心と声に耳を傾ける」ということでした。

「傾聴が大事」なんていうことは、リーダーではなくとも誰もが知っていることです。

ですが、私たちは驚くほど聴いているつもりで、聴いていません。

人は1分間でおよそ100〜175語を話すことができると言われています。

一方、聞くことができる単語数は600〜800語と言われているので、聞くほうは聞くためにそれほど頭を回転させる必要はありません。時間的な余裕がある分、聞くことに集中力を欠き、他のことを考え、気をとられる余裕があります。次に自分が話すことや、なんてアドバイスをしようかと考えているものなのです。(『効果的な安全衛生教育：指導・講義のコツ』より)

ちゃんと話が聴けているかどうかの判断は、聞き手ではなく話し手にあります。

上司が「私はちゃんと部下の話を聴いていますよ」と言っていても、実際部下には「話を聴いてもらった」という感覚を、残せていないケースも多いものです。

コーチングを学び始めた頃「私は全然話を聴けていない」ということを思い知らされました。

「私、ちゃんと聴いているよね？」という自分のアピールになっていただけで、アドバイスばかりしていた私は自分よがりで全然話が聴けていなかったことを実感して、悲しくなりました。私は自分が一方的に気持ちよくアドバイスをする質の低い対話の時間を持つのをやめ、メンバーの言葉と気持ちに耳を傾けるようにしました。

「聴く」とは**相手の話す「表のメッセージ」と「裏のメッセージ」の両方理解する努力をし、ジャッジしないで受け入れること。**

そして、その二つのメッセージを未来にどう活かすかを一緒に考えることが大事です。

たいてい部下の相談というのは、実は、相談しているようで相談していないものです。私の経験上、部下がリーダーに相談する理由の多くは、

「自分の責任を半減させたい」

「不安だから伝えておきたい」

という気持ちから相談するケースが多いものです。

部下やメンバーが、「ただリーダーに話を聴いてもらいたい」という思いで相談するケースも少なくありません。**部下が発するメッセージにはいろんな意図があります。それを表も裏もきちんと汲み取って対応することが、リーダーには求められます。**

表面上の言葉だけではなく、「どうして彼、彼女は今、私にこの話をしたのだろう」という、**相手の「裏のメッセージ」にあなたが耳を傾けることが本当の意味での「聴く」ということなのです。**

「聴く」を丁寧に大切にするようになってから約3年後、私が退職する時にメンバーから

手紙をもらいました。その何十通もの手紙にはこんなことが書かれていました。

「林さん、どんなに忙しくても、笑顔で話を聴いてくれてありがとうございました」

「いつもリーダーが耳を傾けてくれることが、どれだけ心強いかを初めて知りました」

試行錯誤しながらやってきた私にとって、嬉しい言葉の数々でした。

そして、産休に入ったメンバーからもらった言葉。

「林さんがいてくれたから、育休後、職場に復帰したいと思えました」

そう言ってくれた後輩の言葉が嬉しくて、出産後も安心して「復職したい」と思える職場をもっとたくさんの企業で増やすサポートがしたいと思い、今があります。


あの時みんなからもらった手紙やカードは、今でも私の大切な宝ものです。

私をリーダーとしても、ひとりのコーチとしても成長させてもらえたこと、本当に心から感謝しています。

キラー・クエスチョン

KQ 17

それでも部下の話を聴けている自信がありますか？

18
リーダーが「一番大切にすべき」部下のこと

私がクライアントのコーチングを担当する時、必ず確認しているポイントがあります。

それは、「クライアントが大切に守っているものは何か」の視点です。

私たちは表面的に意識していなくとも、実は多くのものを大切に守りながら生きています。

それは本人が自覚している場合もあれば、自覚していない場合もあります。

あなたの部下やメンバーは何を大切にして毎日を送っていますか？

相手が大切にしているものは子供やパートナーといった家族の存在や、ともに仕事に励む会社のメンバーといった「誰か」の存在の場合もありますし、「プライド」や「誇り」「経験」「結果」「業績」「正確さ」のような、本人にとって譲れないものや価値観といった場合もあります。

メンバーが守っているものを知り、それごと相手を優しく包みこんであげることができると、今までとひとつ違った関係性を築いていけるきっかけとなるはずです。

コーチングには「コーチングの3原則」というものがあります。

ひとつは「継続的に関わること」、もうひとつは「双方向で会話すること」、そして、「個別に対応すること」です。

リーダーにはメンバーが大切にしているものに対して、それを良い悪いでジャッジするのではなく、自分もそれを一緒に大切にしながら相手を成長させていけるかが問われます。

これこそが本当の意味で部下を知り、メンバーの価値観や個性に合わせて個別に対応していくということです。

私たちプロのコーチはクライアントが大切にしているものがどんなものであっても、一方的に「良い、悪い」でジャッジをすることも、評価をすることもありません。

しかし、上司であるリーダーは上下関係からメンバーに対して悪気なく「それは良い、悪い」といったジャッジをしてしまいがちです。

ポイントはメンバーと関わる時のスタンスが常に上下関係になっていないか定期的に振り返ってみることです。

コーチはクライアントに対して、常に対等・公平の立ち位置で関わります。上下関係ではなく横の関係性をつくり、クライアントとの信頼関係を構築していきます。あなたは意識して、部下やメンバーと対等の立ち位置でコミュニケーションを取ることはありますか？　上司と部下という関係性の場合、なかなか難しいものです。

組織のコミュニケーションを活性化させる手段として、リーダーやマネジメント層にコーチング研修を導入するケースが多いのは、コーチングが対等な関係性を構築するひとつの切り口だからだと思います。

メンバーと向き合う時、彼らの性格や強み、弱みといった個性や、業績や実績などの数字はもちろんですが、「彼らが大切に守っているものは何か？」の視点で関わってみてください。

例えば、あなたの部下が大切にしているのは「仕事で認められること」かもしれません。その認められ方も誰に何を認めてもらいたいのかで、メンバーが注力しているポイントも違うでしょう。プライベートでの趣味の時間を大切にしている人もいれば、お子さんや家族との時間を大切にしている人、仕事の他に目標を持っている人もいます。

それを一緒に大切にしながら、メンバーとのビジョンを描いていけるリーダーはなかなかいません。だからこそ、この視点を持てると、あなたとメンバーとの関係性はより深まるはずです。

そのためには、まずあなたが「大切にしているもの、守っているものは何か？」を考えてみてください。リーダーであるあなた自身を知る視点を増やし、部下やメンバーが大切にしているものにアンテナを立ててみましょう。

とにかく、メンバー一人ひとりに興味を持ち、気にかけ、よく観察して、よく聴くことです。

リーダーであるあなたが、メンバーの「大切にしているもの」に気づき、それを本人以上に大切にしてくれたら、彼らはどんな気持ちになるでしょうか？

ぜひ、その視点を持って、メンバーとの関係性を今よりさらに強いものにしてください。

キラー・クエスチョン

KQ 18

あなたの部下が一番大切にしているものは何？

19

誰もが「井の中の蛙」

あなたは職場以外のコミュニティに参加していますか？

職場以外の人たちと交流し、ともに学び合い、成長し合うような場に自分を置いていますか？

リーダーとしての役割も多岐にわたり、自分からアンテナを張り情報を取りに行かなければすぐに情報弱者になってしまうかもしれない今、職場の閉鎖された場所にしかあなたの居場所がないのは非常に危険です。

同じ世界に居続けたところで、成長はありません。

人生100年と言われるこれからの時代に、趣味でもいいから仕事と離れたコミュニティに属していなければ、あなたの視野はどんどん狭くなります。

大切なのは、あなたが働いている場所以外にもコミュニティを持つことです。

自分が所属するコミュニティを持つと、職場や家族、友人といった人間関係以外のつながりが増え、広がっていきます。

私たちの視点を増やし、意識を変えるのは人と人との出会いによるものが一番大きいのは、あなたもこれまでの人生できっと経験済みだと思います。


小さい頃のたったひとつの職業人との出会い、学生時代のひとりの友人や先生の存在、社会人になって初めて自分の面倒を見てくれた先輩や上司との出会いなど、今のあなたをつくる大切な要素は、これまで出会ってきた人たちとの出会いの中で育まれてきたものです。

働き方も、生きる価値観も今までの常識とは大きく変わる時代がもう来ています。

そんななか、ずっと同じ会社の狭い世界にしかいなければ、あなたの可能性はどんどん奪われていくでしょう。

同じ学び、同じキャリア、同じ業界、同じ趣味、同じ価値観を持つ新たな人たちと出会い、その関係を深めていくなかでどんな化学反応が起こるか想像もつかない未来につながることも多いです。

私の担当するクライアントは、必ず毎週新たなコミュニティに参加するということをルーティンにしています。自分の知らない分野の知識を学び、情報のアップデートをしながら、様々な人とつながり、その輪からたくさんのことを勉強していると話してくれました。気がつけば一緒に仕事をして、本職が変わっていくケースもあります。

私自身、トラストコーチングスクールというコミュニティで「今までなら絶対に友人にはならないだろう」というタイプの人たちと信頼関係を築き、仲間になれたことで私の住む世界は変わり、拓けました。

今までにあなたのそばにいなかったような人たちとの出会いや関わりこそがあなたの視野を広げ、あなたの価値観を更新し、あなたの可能性をさらに広げてくれるはずです。

それでも人は誰もが「井の中の蛙」です。あなたがいる井の中の大きさを、常に意識することが大切なのです。

キラー・クエスチョン

KQ 19

自分の「井の中」の広さを意識できていますか？

20

リーダーが絶対に「知っておくべき」部下のこと

あなたはリーダーとして、部下の何を知っておくべきなのでしょうか。これまで登場した視点とは違う内容をひとつお届けします。

リーダーはメンバーに対して「社員として」ではなく、「ひとりの人間として」興味を持つことが重要です。私たちの多くは「社員や部下のひとり」として大切にされたところで「会社の人材のひとりとして必要なのだろう」くらいにしか感じません。

コーチングスキルに、リーダーにとって欠かせない、とても大切なコミュニケーションがあります。それは「アクノリッジメント（承認）」です。

「うちの会社の管理職にひとつコーチングスキルを教えてやってほしい」と、もし依頼があれば、私は承認のスキルをお伝えすると思います。

それほど承認は私たちにとってモチベーションを大きく左右する大切なコミュニケーションにもかかわらず、それを上手に使いこなしている人は意外と少ないものです。「承認」のコミュニケーションで、一番代表的で効果的なものは何でしょうか。大人にも子供にも効果的ですが、まずは「褒める」でしょう。

ただ承認は何も「褒める」だけではありません。実は日常のコミュニケーションの中にたくさん承認のポイントがあるのです。

例えば、「林さん」と名前を呼ぶ、「おはよう」「お疲れさま」と目を見て挨拶をする。その他、小さな変化に気づくのも承認です。

小さな変化といっても「髪型変えたの？」「メイクいつもと雰囲気が違うね」などと、女性に対して容姿のことを突っこむのは難しいという方もいるでしょう。

ハラスメントに触れる可能性のある発言には注意する必要があります。

そういう時は、「以前よりも仕事のスピードが早くなって、正確に資料が作成できるようになったね」など、こなせる仕事が増えていくその変化を見ていてあげるのもおすすめです。

「〇〇さん、今日誕生日だったよね。おめでとう」の一言も承認のメッセージです。承認のコミュニケーションの方法は、いくらでもあります。

私が今担当しているエグゼクティブコーチングのクライアントに、この承認をとても大切にしている経営者がいます。メンバーの誕生日を祝う機会を定期的につくったり、年末などのタイミングでは、希望者全員を招待して、メンバーを労う食事会などを催したりしているようです。話を伺っていても、その会社のチームワークはやはり良さそうですし、メンバー同士の関係性も良く、とてもいきいきと仕事をされていて楽しそうだなと感じます。

重要なのは普段から、ちゃんとメンバーのことを気にかけて見ているかどうかです。

先日ご一緒させていただいた大手企業の管理職の方は、「1ON1面談対象の直属の部下だけでも、30名ほどいます」と話していました。

人数によっては、全員とコミュニケーションを取り、できる限り承認しようと思っていても、日常で彼ら全員の動向に目を配るのが難しいこともあるでしょう。

メンバーにとって重要なのは、リーダーがどれだけ大勢いるチームのたったひとり自分に対して興味を持ってくれているかということです。これはあなたが考える以上に、重要で大切なことなのです。

興味を持つことが大切だとよく言いますが「興味を持つ」とはどういうことでしょうか。

具体的にその方法について答えられるリーダーは多くはありません。

私のひとつの答えは、その人の「故郷を知ること」です。

東京に出てきて驚いたのは、私も東北出身ですが、都内で働くメンバーの多くが地方の出身だったことです。皆様々な場所で生まれ育ち、それぞれの思いを持って上京していました。

私たちは好きな人や興味を持った人に対しては、自然と興味を持つものです。

「休みの日は何をしているだろう？」

「どんな食べ物が好きなのかな？」

「前職ではどんな仕事をしてきたのか？」

そして、その人のルーツを知りたいと思うものです。

あなたは部下やメンバーの故郷をすべて言えますか？

「お盆やお正月には故郷へ帰省するのか」「お父さんやお母さん、ご家族はお元気なのか」など、何かあった時に地元のことや家族のことなどを気にかけてくれると、それだけで自分の存在を大切にされている気持ちが伝わるのではないでしょうか。

その人の故郷知らずして、そこに愛なし。

「メンバーの誕生日や出身地どころか、ほとんど何も知らない」というあなた、そんな興味の乏しい視点でリーダーなんてやっていて、チームのためになっていますか。

メンバーや部下のことに興味を持たず、知るつもりもないリーダーに、メンバーが心を開いてくれることは今もこれからもないでしょう。もしあなたがメンバーの故郷について把握してないなら、ぜひ今すぐに興味を持って、聞いてみてください。

キラー・クエスチョン

KQ 20

あなたは、メンバー全員の故郷を知っていますか?

COLUMN

筋金入りの長女気質こそ
コーチとしての武器

私は筋金入りの長女気質。人の面倒を見るのが好きで、世話好きで、悲しくなるくらいの甘え下手です。私のバッグはいつも大きくて大量の荷物が入っていますが、そのほとんどはいざという時にしか使わないもの。「誰かが必要な時に役に立ちたい」という思いだけで薬やシミ抜き、ホッチキスまで持ち歩き、いつも身軽な妹に馬鹿にされています。「林さんはいつも大荷物よね。いい女はバッグが小さいのよ」と、憧れの先輩に言われたことがありました。「いい女はいざという時にまわりが助けてくれるから、余計なものは持たないのよ」と。

思い返してみれば、家でも学校でも職場でも優等生を目指し、すぐお世話役を買って出る私は、お姉さん役というよりお母さん役。黒髪直毛のおかっぱ頭で、祖母の家に飾ってあった少々不気味な日本人形に似ていた私とは対照的に、私が3歳の頃生まれた妹は、明るい茶髪にクリっとした瞳の可愛い洋風の女の子でした。天真爛漫で天使のような妹が羨ましくて可愛くて、頼まれてもいないのに小さい頃からよく世話を焼いていたのを覚えています。まじめで責任感が強く、頼られるのは好きなのに、頼るのは苦手で可愛いわがままも言えない。ほんの数年前まで「長女気質は損な性格」だと思っていました。

そんな私ですが、今プロコーチとして役立っているのは一歩ひいて俯瞰する力。常に自分と相手、そして第三者の視点で考えるお姉ちゃん的スタンスです。コーチも人間なのでもちろん感情がありますが、必要以上にコーチが自分の感情や存在感を出してしまうとクライアントの思考の邪魔をしてしまうことがあります。その場にいる人の感情や空気を読む力、主観的・客観的な視点を調整できるところは、今となっては私の強みとして役立っています。

CHAPTER 03

リーダーの条件

21

優秀なリーダーは「二人のビジョン」を持つ

あなたはメンバーとの間にビジョンを持っていますか?

チームのビジョンだけではなく、メンバー一人ひとりと描いていますか?

私たちの関係性は、その人とどれだけビジョンを描けたかで決まります。

あなたとメンバーが、どういう関係性を築けるかは、一人ひとりのメンバーとの間にそれぞれのビジョンを持ち、共有できているかが大切なのです。

そのビジョンが曖昧だと曖昧な関係性で終わってしまいます。


優秀なリーダーのあなたならよくおわかりの通り、会社やチームにとって優秀な人材や、将来を期待しているメンバーほど、力になってほしいタイミングでチームを離れてしまう場合があります。

生産性が高い人材や、希少性の高いスキルを持つ人材、コミュニケーション力が高い優秀な人材はどこも欲しいので、これからの時代、人材の流動性はますます高くなっていきます。そんな時、メンバーとリーダーであるあなたの関係性はより重要な要素になります。

「あなたは、今一緒に働く部下やチームのメンバーが、いつまであなたのチームにいるつもりか把握していますか？」

それをきちんと共有できるくらいの関係をつくれていなければ、ある日突然「仕事を辞めたいです」と話を切りだされる可能性は大いにあります。

メンバーは当たり前に、あなたのチームにずっといるわけではありません。

残念なリーダーほどそれを曖昧にして、その部下がずっと当たり前にいる存在だと考え関わっているものです。

今の状況にあぐらをかき、メンバーとの関係性を丁寧に描く作業をおろそかにしていませんか？

優秀なリーダーはメンバーとの「二人のビジョン」を持つことを大切にします。

今はひとつの会社や組織でずっと働き続けることがスタンダードではない時代です。

リーダーとして、メンバー一人ひとりとの関係性・ビジョンを丁寧に描いていきましょう。

メンバーとのビジョンはお互いに共有できれば理想的ですが、リーダーであるあなたが、一人ひとりとどんな関係性を目指すのか、関係性をどう変えていきたいのかを明確に持つだけでも効果があります。

二人のビジョンをしっかり描けている人の証拠は、いつまで一緒にいれるかの「有限のビジョン」を持てていることです。

ぜひ、あなたが関わるメンバーたちとのそれぞれの「二人のビジョン」を考えてみてください。

キラー・クエスチョン

KQ 21

部下がいつまでそばにいてくれると考えていますか?

22

マネジメント3.0

終身雇用制度は崩壊し、副業が大手企業でも続々と解禁になり、今後ますます私たちの働く環境は大きく変化していきます。

かつては終身雇用と引き換えに、社員のキャリアプランは会社が決めていました。

今や、ひとつの会社の目標だけで、マネジメントするのは不可能な時代です。

リーダーが扱うのは会社でのメンバーの「キャリアプラン」についてだけではなく、**人生に対してのプランニング力やマネジメント能力も問われる時代**になったと言えるでしょう。

「マネジメント1．0」が企業による強制的なキャリアデザインだとしたら、「マネジメント2．0」はひとつの企業で社員が自由に目標を描くキャリアデザイン。

「マネジメント3・0」は会社の枠を超えたメンバーの人生、ライフデザインも含めたマネジメントが必要になってきます。

今は、ひとつの会社だけでキャリアを積もうとする人はほとんどいません。

この組織、チームで引き続きメンバーに力を発揮してもらうためにも、リーダーと遠慮なく会社の枠を超えたキャリア目標も共有できていると、逆に信頼が深まりあなたとメンバーとの関係性を強化できます。

会社の枠を超えたメンバーのライフプランについて、上司がアドバイスできることなど多くはありません。先輩として時代錯誤かもしれないアドバイスをするより、コーチとして純粋にメンバーの未来をデザインするサポートができたほうが、よほど相手のためになるでしょう。

その時のポイントは、**仕事の成果を一緒に考えるより、人生の幸福を考えることができるかどうかが重要です。幸福というと、少し大げさな表現かもしれませんが、利害関係のない仕事だけではない側面で、メンバーの未来を一緒に描けるかどうかです。**

リーダーであるあなた自身のキャリアデザインやライフプランは描けていますか？

今、コーチングを受ける世代は多岐にわたり、学生のようなこれからキャリアをスタートさせる世代や、今まさに自分のキャリアを積み上げている世代、そしてセカンドキャリア、サードキャリアに差し掛かる世代の方々も自分の人生を考えるタイミングでコーチングを活用される方が増えてきました。

正解のない時代の人生の描き方、生き方について、一人ひとりが問われる時代です。

自分のキャリアやライフプランをより良い方向へ進めるためには、自分の経験や価値観などの棚卸しを丁寧にすることや、未来予想図を描くのも大切ですが「誰との関係性を強化していきたいか」に目を向けることも忘れてはなりません。

私たちは人との関係性の中で、ビジョンがより鮮明に描かれ、行きたい未来や目的地が明確になっていきます。キャリアを描くならまずは自分から、あなたの大切な「人」と「人」の中に描いてみてください。

キラー・クエスチョン

KQ 22

部下の会社を超えた目標を知っていますか？

23

相談にアドバイスで返すのは「下の下」

あなたは部下から相談を受けますか？

もし受けているとしたら、どんな内容の相談でしょうか？

もし部下から相談を受けた時、あなたがアドバイスで返しているのなら、リーダーとして非常に質の低いコミュニケーションを交わしている可能性があります。

アドバイスは短期的に考えると効果的かもしれませんが、長い目で見ると、むしろ部下やメンバーの成長を妨げてしまう場合があります。

私たちコーチは基本、アドバイスをしません。

相手に考える機会も選択する機会も与えずに、一方的に答えを提供してしまうようなコ

ミュニケーションは質が低いことを知っているからです。相手の成長のタイミングを奪うだけです。

答えを提供するなんて簡単なこと。

例えば算数の苦手な小学生に「どうやったらこの問題が解けるの?」と聞かれて、「それならこの回答集に答えが載っているよ。答えはこれだよ」と、問題の答えを直接教えているようなものです。

その子はその後、また同じような問題に当たった時、解けるようになっているでしょうか?

なっていません。「解き方」を知らないからです。

リーダー研修を担当していると、本当に私たちの身体には「アドバイスをする」ことが染みついていることに驚かされます。コーチングでは「アドバイスをしない。ルールはこれだけです」とお伝えしても、たったひとつのルールさえ守れる人は少ないのです。

相手の話を最後まで聴くのも忘れて、「こうしたほうがいいかも」とか、「僕ならこうするけど、何でこうなったの？」という声があちらこちらで聞こえてきます。


そもそも、私たちが誰かに相談する時の多くは、自分の中で答えが出ていたりするものです。ただ聴いてほしかったり、背中を押してほしかったり、宣言しておきたかったり、時には責任を一緒に持ってもらうために相談しているだけかもしれません。

前半に登場しましたが、相手が「何のために相談しているのか」という「裏のメッセージ」を見極めるのが大切です。

部下の立場に立って考えてみると、目的は相談することではない場合もあるものです。ですから、こういったシチュエーションでは、必ず相手が何を求めているのかに目を向けてみましょう。

相手がアドバイスを求めているなら、必要に応じ伝えてあげたらいいと思います。

絶対にアドバイスをしてはいけないわけではありません。特に新人教育にはティーチングとコーチングのバランスが大切なように、相手の求めているタイミングや、適度なバランスを見極めることが大事です。

ただ、その時は、また同じような問題で立ち止まった時に部下を責めないようにしてあげてください。考える機会、成長する機会を与えなかっただけですから。

どんな経営者、政治家、アスリートにも「コーチ」が必要な時代です。

私が「コーチ」としてたくさんの方々と関わってきて心から感じることは、**「女性だからこそ輝ける最高の職業こそ『コーチ』だということ」です。**

アドバイスをせず、相手の内側に入りこみ、第3の目となる「コーチング」は、圧倒的に男性より女性に適した職業です。コーチほど女性に向いている職業はないと私は断言できます。ただ**女性コーチは、女扱いされない凛とした姿勢が問われます。**もし女性コーチが男性のクライアントに「お礼に食事でも」と誘われたら、「行かない」のが基本ルールです。「職業柄、それはできなくて……すみません」でおしまいです。

コーチは会話をする時間にお金をいただいているため、それがクライアントに対する敬意なのです。対面のセッションを希望されるならば、人がたくさんいるオフィスのブースや会議室、カフェで行います。

女性がコーチに適している証拠に、私の所属するコーチングスクールは圧倒的に女性が多く、優秀でかっこいい女性コーチが全国、世界各地で大勢活躍しています。男性コーチにもどんどん活躍してほしいと思っていますが、男性コーチがよくぶつかる最初のハードルは「アドバイスをしない」が難しいことにあります。男性には圧倒的に問題解決思考の強い方が多いので、どうしてもアドバイスや、問題に入っていく傾向が高いのです。

コーチングのゴールはクライアントを自走させること。

自分で考え自走する部下を育てたいのか、リーダーの指示通りに動くメンバーを育てたいのか。あなたが育てたい部下はどちらですか？

キラー・クエスチョン

KQ 23

部下が相談する理由を知っていますか？

24

リーダーが一番優秀なわけではない

リーダーはメンバーより人間としても能力も優れている存在というわけではありません。

そこを勘違いし、間違えてしまうのが一番残念です。

あなたはメンバーが自分より「優れている部分」を言えますか？

もしその答えがすぐに出てこないようなら、メンバーの良い部分にアンテナが立っていないのでしょう。

優れたリーダーは「自分が主役ではない」ということを知っている人です。

「リーダーが一番優秀なチーム」の限界は、リーダーの能力の限界です。

しかし、リーダー以外に優秀なメンバーが揃うチームの限界はかけ算になっていきます。

一人より、二人、三人と戦力が増えて活躍できるメンバーが大勢いたほうが、オンリーワンの競争力の高いチームがつくれるはずです。

あるリーダー研修で、管理職の方々に「優秀な部下の定義」を聴いたことがありました。優秀な部下の定義がたくさん出ましたが、上場企業に勤める男性管理職の方が、こんな風に言いました。

「優秀な部下は売上を上げる能力が高い人です」

もうひとりの男性はこう答えました。

「誰とでもうまく関係性をつくれるコミュニケーション能力の高い人です」

この二人の答えに正解・不正解はありません。それぞれがどう解釈して使っているかです。

優秀な部下について、リーダーが一度それについて深く考える機会がないと、なんとなく**自分が持っている曖昧なイメージでメンバーを評価・判断しています。**

リーダーであるあなた自身がどんな人材を求めていて、部下やメンバーに今何を求めているか、どう成長してもらいたいのかをよく考えることはとても大事なことです。

メンバーの強みや優れている部分を引きだして伸ばすこと、成長させることこそ、リーダーであるあなたの重要な仕事です。

ぜひそこにアンテナをたて、常に自分より優秀なメンバーを育ててください。

もしあなたがチームとしてトップを目指すならなおのこと、**あなた自身がスター選手になるのではなく、スター選手がたくさんいるチームをつくることです。**

そしてそれこそ、長く続き、結果を出し、メンバーからも愛されるチームをつくる秘訣なのです。

キラー・クエスチョン

KQ 24

あなたよりメンバーの優れているところを3つ以上言えますか？

25

リーダーが持つべき「共感力」

あなたは共感力が高いほうだと思いますか？

メンバーの話にどのくらい共感しながら、話を聞いているでしょうか？

私は「共感力の高さ」は、自分の強みだと思っていましたが、それはリーダーが本当の意味で持つべき「共感力」とは大きく違うものだということを、身をもって体感しました。

「林さん、相談があるのですが」と、ある時、部下から声をかけられました。

ご家族のご病気や介護などが同じタイミングで重なり、働き続けるのが難しいかもしれないという相談でした。私は落ちこんでいる彼女に対し、

「それは大変だったね、ひとりで背負うのはしんどいよね。無理しなくていいからね」

と、その話を重く受け止め、深刻な顔で返しました。

ちょうどその頃、私はコーチングを学ぶ機会を得て、**「コーチはクライアントの問題を問題視しない関わりを選択する」**ということを知りました。

リーダーの対応次第では、メンバーの思考を止め、足を止めてしまうことを知り、すぐに自分の対応がいかに問題を問題視した発言だったかに気がついてぞっとしました。

私は大切なメンバーである彼女に寄り添ったつもりで、彼女がどうしたいのかにはきちんと触れていませんでした。その相談を受け、私は「ここで働き続けるのが難しい」という相談だと、勝手に解釈して「難しいよね」と問題に共感していました。

その後、彼女に「あなたは本音では、どうしたいの？」と尋ねました。

問題や環境は置いておいて、彼女自身は何を望んでいるのか。

すると、彼女は「私はここで、働き続けたいです」と答えてくれました。

コーチングは目標に向かい、そこへ本人が自分の足で辿り着けるようサポートします。でも目標に向かう時、私たちはさまざまな問題を前にして足が止まってしまう時があります。

そんな時、リーダーに求められる共感力とは、問題に対して「それは大変だよね」「問題があるから難しいよね」と問題に共感してメンバーの足を止めるのではなく、「あなたならきっと目標に辿り着ける」「あなたは絶対に達成できる人だ」と、メンバーの可能性に共感する力です。

そう決めて関わることです。

私は相手の可能性に共感できない場合、そのクライアントのコーチングは引き受けません。クライアントの抱える問題に共感することもしません。クライアントがますます動けなくなるからです。相手に感情移入しすぎない優しさもそうです。

セッションをしていると、クライアントが涙する場面もありますが、コーチも一緒に泣くのは時に残酷になることを忘れてはいけません。

どんな時も淡々と、会話ができる心の状態をつくることがリーダーには問われるのです。

キラー・クエスチョン

KQ 25

あなたはメンバーの「何」に共感していますか?

26

まず「社長」を応援しろ

どんな会社にも必ず「社長」がいます。

でも「社長」は「偉い人」ではありません。

社員や部下が「社長は権力のある偉い人」だと思ってしまうような組織では、社長に依存してしまうかもしれませんし、そもそも偉い人を応援しようという気持ちにはならないものです。


「強い組織」を率いる魅力的な社長は、社員や部下から応援されている人です。

「尊敬されている」と「応援されている」は似て非なるものです。

社員やメンバーから応援されている社長やリーダーこそが、強いチームをつくる鍵です。

例えば、漫画『ONE　PIECE』の主人公・ルフィの仲間たちも、『キングダム』の主人公・信の仲間たちも、リーダーのことを「偉い人だ」とは思っていません。

もちろんふたりはメンバーから尊敬されていますが、彼らは誰よりも身近なメンバーから「応援されている人」なのです。

だからこそ彼らは強くあり続けることができ、メンバーの強さを引きだし、チームを一体化させて、さらに強いチームをつくっていく「揺るぎないリーダー」なのです。


社長は部下に応援されて、もっと強くなります。

私がエグゼクティブコーチとして企業に入る時は、必ず軸にその社長が「部下に応援される組織をつくること」をテーマにしています。

だからこそ、偉そうにしている社長には必ず、「あなたが偉そうにしていることで、失っていること」をたくさん考えてもらいます。

あなたがもし「社長」という立場にいるなら、あなた自身が社員にとって応援される存在であるのかを、ぜひ今一度振り返ってみてください。

もしそこに伸びしろがあるなら、メンバーとの関係性次第で、もっとあなた自身も組織も強くなるはずです。

もしあなたが社長の元で働いているなら、あなたが社長を応援する視点をもっと取り入れてみてください。

あなたはどんな歴史を持ち、どんなストーリーから生まれた企業、チームにいますか？

社長が今一番大切にしていることを知っていますか？

今日本の企業数は約４２０万社あります。

私たちには働く場所、仕事をする場所や会社を選べる自由があります。数ある企業・チームの中から、今の会社を選んだのはあなた自身です。あなたは自分の命の時間を投資して、今そこにいるのです。

今あなたが働いている企業の未来を全力で応援していますか？

キラー・クエスチョン

KQ 26

あなたは本気で社長を応援していますか?

27

リーダーが大切にすべき存在

あなたはどんなメンバーや部下を大切にしていますか？
好んでよく声をかけ、一緒に過ごすメンバーはどんな人でしょうか。

残念なリーダーほど、反対意見を持つ人、自分と価値観が合わない人を好まず、自分と似た意見や価値観を持ったメンバーを好む傾向があります。

リーダーが大切にすべき存在、リーダーの可能性を広げてくれる存在は、前者です。

以前担当したクライアントで、印象的だったセッションがありました。
彼はいつもメンバーのことを大切に考える責任感の強い方。

そんな彼の課題は反対意見に弱いこと。自分の意見に少しでも「NO」という意見が出ると、自分を否定されたように感じてしまうのだそうです。

そんな彼の話を聴きながら、海外に長く住んでいたクライアントが「日本人は反対意見に弱い。意見が違うことは当たり前のことなのに、ミーティングなどで反対意見を言うと、自分を否定されたように感じる人が多い」と話していたのを思いだしました。

「NO」に弱いクライアント自身も、考えや意見が分かれることは当たり前だと頭ではわかっていても、つい条件反射でそういうメンバーを遠ざけてしまうと言っていました。

彼は自分への宿題として、次回までの間、意識して自分に問いかける習慣を持つことにしました。

「NOと言ってくれる部下を遠ざけることで、自分が失っているものは何か」

「NOと言ってくれる部下がいることで、感謝できることは何か」

私たちは自分を否定、批判する存在を避ける傾向にあります。

自分を攻撃したり、傷つけたりする可能性がある存在だと思えば、避けたくなるのも当然です。

しかし反対意見をきちんと伝えてくれるメンバーがいることは、自分の盲点となっている視野を広げてくれる貴重な存在でもあります。

そして何より大切なのは**「メンバーがリーダーに対し、NOと言える関係性」が築けているということ。**

その関係が築けているなら、大切な時こそ部下やメンバーがリーダーに対しても、必要な意見や情報をくれるはずです。

宿題を課した彼は、最初は変わることが難しかったものの、問いの力で少しずつ、部下に対しての捉え方を更新していく様子が印象的で、自分に欠けている視点を広げていく姿に、私も大変勉強させてもらいました。

キラー・クエスチョン

KQ 27

あなたの意見に「NO」と言える部下は何人いますか？

28

人間関係がすべて

時代の変化のスピードがどんどん加速する時代。もはや「正解」などなく、これまでの常識が簡単に入れ替わるような流れの速さです。

2018年の東京商工リサーチの調査によると、2017年に倒産した企業の平均寿命は23・5年。かつて企業の寿命は30年と言われていましたから、どれだけビジネスを取り巻く環境が変わったかが窺えます。

そんな時代もあってか、経営者自身ですら、今一番会社が直面している危機が何かを明確に把握されていないように感じることもあります。

経営層、役員の方々に会社が直面している危機は何かを伺うと、それぞれ全く違う答えが返ってくることは少なくありません。

その認識の差こそ、会社が直面している危機のひとつかもしれません。

組織のリーダー陣が、そこをブレなく共有できていないと、経営者の視点とずれた方向にチームを引き合ってしまう危険があります。

会社には常に何かしらの危機が目の前にあります。企業の存続に一瞬の安定もありません。そこを灯台下暗しにならないように常に目を配り、常に最悪の状態にも備えておく必要があります。

私の主な仕事は「エグゼクティブコーチング」です。

灯台下暗しにならないよう、コーチの視点で経営者の第3の目になり、その企業の成長をサポートするのが仕事です。

経営者のコーチングを担当するうえで感じる、とても不思議な盲点があります。多くの経営者が、常に様々なことに悩んでいるにもかかわらず、会社が今直面している一番大きな危機を見落としていることや、無視している場合があるのです。

例えば、クライアントにとってのステークホルダー（クライアントにとっての重要人物）

との関係性が年々悪くなっているのに、売上のことばかりに注力しているケースがあります。

また会社で誰も本音を言えず、離職率がどんどん高まっているのに、そんなことよりも、どんな新規事業を始めようか、それぱかりにエネルギーを注いでいるのです。

一番直面している危機を、経営者は見落としがちです。

そして、**常に一番の危機は「内側から壊れること」。**

人間もそうで、健康な身体ならどんなことにもチャレンジできる体力がありますが、内側から健康が崩れると、一気に回復不能なまでのダメージになることもあるのです。

「社内の人間関係が、会社の健康状態」です。

今も昔も経営者が見失ってはいけない視点、それは「すべては人があってこそ」だということです。社員も顧客も、そこに関わる「人」を大切にする視点がなければ、会社の存続はますます厳しい時代です。

とはいえ、「人を大切にする」という当たり前のことを、当たり前にできている企業は多くはないのではないでしょうか。

重要なのは、あなたの大切な会社やチームをつくっている「人」との関係性を丁寧に築くこと。**社内の人間関係の質を高め、常に「会社の健康状態」に目を配ることです。**

それぞれの部署、あなたと部下との間に、良好な人間関係が構築されていたら、会社が直面する様々な危機に対しての抵抗力はおのずと強くなるはずです。視座の高いリーダーや経営者にしかわからないことが当然あるはずですが、視座の高い経営層にはキャッチできない死角もあります。

その死角を常に排除しておくためにも、社内のコミュニケーションを通して循環を良くしておくこと、土台を整えておくことが欠かせません。あなたが見ることができない死角は、あなたが信頼する人に見てもらえばいいのです。

いつどんな時にも起こりうる危機に対し、リーダーがどのように向き合っているのか、部下も注意深く見ています。

コーチングは人間関係を扱います。コーチはあくまでもそのフィールドから出ることなく、クライアントの人間関係にフォーカスし、目標達成に向けサポートしていきます。

コーチはコンサルタントではありません。私たちプロのコーチは企業の様々な問題に対して解決策を提示したり、一方的な助言をすることはありません。クライアントと、クライアントのステークホルダー（利害関係者）となる重要な関係性の人たちとの人間関係をコーチングすることで、関係性を修復・改善しながら目標達成を目指します。

もし、あなたのチームが何らかの問題を抱えているなら、その問題ばかりに目を向けず、「目的地はどこか。そこへ早く行くために一番重要な人物は誰か」をよく考えてみてください。きっと鍵となる人物がいるはずです。

それこそが、あなたがメンバーとともに望む未来へ向かい、最短で確実に辿り着くために欠かせない重要な視点なのです。

キラー・クエスチョン

KQ 28

あなたの会社が直面している「最大の危機」は何？

29

リーダー不在時に機能する「仕組み」

あなたがもし、明日から長期で出社できなくなったら、チームはどうなりますか？
急なトラブルや事情のために仕事ができなくなる、チームに指示が出せなくなる、あなたの抱えているプロジェクトにこの瞬間から携われなくなったら、あなたはどうしますか？

リーダーが整えておくべきは、リーダーが「30日」不在でもチームが機能する仕組みです。私が担当するエグゼクティブコーチングでは、クライアントとチームビルディングをする時に、重要人物が30日不在でもまわるチームづくりを軸にします。

「最大のリスクは何か」「どんな対策が用意できるのか」を考え、準備しておくことは、リーダーであるあなたの役目です。

なかにはリーダーがメンバーとの情報共有をせず、仕事をまわすために欠かせない大切な情報を抱えこんでいるケースもあります。そうなると、リーダーなしにチームは動くことができません。あなたのチームはどうでしょうか。

もしリーダーが自分の仕事を自ら手放さないでいるのだとしたら、その理由は、自分の存在意義をそんなことでしか測れない視点の少なさからかもしれません。

リーダー不在時にも、チームが機能するようにどんな準備ができるのか。

ひとつは部下一人ひとりがある程度の権限を持ち、主体的に動き判断できるように整え、自走できる状態にしておくことです。もちろん業務内容によって条件は変わりますが、あなたのチームが、今よりさらに自走するチームであったなら、今と何が違いそうですか？

目標に向けて、主体的な行動を促すコミュニケーションスキルでもあるコーチングでは「答えは相手の中にある」と考えます。

その答えを相手から引きだすために質問をするわけですが、ここで多くの人が疑問に思うのは、「答えがない時はどうするのか？」ということです。

コーチング研修でよく聞かれることは、「部下に聞いてもきっとわからない」「答えを持っていないだろう」という疑問です。

職場での人材育成やマネジメントにおいて、大切なのはティーチングとコーチングのバランスです。

新入社員で入ったばかりの部下にはもちろん指導やアドバイス、ティーチングが必要でしょう。でも小さな子供でさえ、質問されると考え、自分の力で答えに向かうことができます。大人なら、十分自分で考え自分の足で辿り着けるリソースがあるはずです。

部下に聞いてもどうせわからない、答えを持っていないだろうと思っているリーダーは、いまだに自分の「答え」を正解だと勘違いして部下に押しつけようとしているのかもしれません。

確かにあなたの「答え」には辿り着けないかもしれませんが、誰もあなたの「答え」に辿り着く必要もなければ、それが唯一の正解でもありません。

例えば、チームのメンバーから声をかけられ、部下がこんな風に言いました。

「今月も売上が上がらず目標に足りません。私営業に向いていないと思います」

もしあなたがこんな相談を受けたら、どんな風に返しますか？

「どうして売上が上がらないの？」

「目標まで、あといくら足りないの？」

「そんなことないよ。明るくて笑顔がいいし、営業に向いていると思うよ」

と質問したり、励ましたりするかもしれません。

もちろん不正解ではありませんが、残念ながら質の高いコミュニケーションとは言えません。

なぜなら部下は「どうして売上が上がらないのだろう」「目標まで、いくら足りないのだろう」という質問については、すでに自分で十分に考えているはずだからです。

すでに何度も自分に投げかけている質問ではなく、普段相手が考えていないような質問を投げるのが、コーチングの効果を発揮させるポイントです。

そこでハッとさせなくとも、相手がそこからさらに自問自答するような質問であれば、効果的だと思います。

例えばこのケースの場合なら、

「売上を上げるって、あなたにとって何をすることなのかな？」

「目標を達成する方法について、君はどのくらいの時間考えたの？」

「もし3ヶ月後、○○さんが営業を楽しんでいるとしたら、今と何が違いそう？」など、あまり本人が考えたことのない視点の質問や、未来に向けた質問もいいかもしれません。

「質問は相手へのギフト」という言葉がありますが、**自分自身に投げかけたことのない問いこそ、価値の高いギフトと言えます。**なぜなら、自分ひとりでは辿り着けない気づきや発見が、そこにはあるからです。

メンバーや部下に、どんどん考える機会を提供し、経験してもらう。

自分で自分なりの「答え」を導きだし、そこへ進む経験をすることができたら、たとえその時は失敗したとしても、どれだけその後につながる大切な経験になるでしょうか。

失敗から学ぶことの多さは、ある程度生きてきた人間なら誰もが知っていることです。

その失敗やミスも捉え方次第で、未来につながる素晴らしい出来事にもなれば、思いだしたくないような忌々しい出来事になることもあります。

どんな現実もその経験をどう未来に活かすかは自分で選べるわけですから、もし捉え方がネガティブになりやすい、マイナス面に目が向きやすいメンバーには、リーダーであるあなたから、捉え方をシフトさせるような質問をしてあげると良いでしょう。

質問は、相手の視点を増やす最高のギフトです。

あなたがもしいなくても、動きを止めることのないチームをつくるために。

自走できるチームづくりに、何が必要かを今一度見直してみてください。

キラー・クエスチョン

KQ 29

あなたが30日会社に行けなくても、
チームはまわりますか？

30

リーダーの理想的な「在り方」

リーダーの理想的な「在り方」のひとつとして「あなたがこんな存在になれていたらマネジメントが楽になる」という視点でお届けしたいのはやはり、**あなたがリーダーとして「応援される人になる」ことです。**

人は応援されたくて生きています。と同時に人が幸せを感じる瞬間は、誰かを全力で応援している時でもあります。あなたが「心から応援したい」と思える存在は、あなた自身を力強く励ましてくれる存在にもなるはずです。

「応援の力」をあらためて考えてみてください。

その力は応援されている人にとってエネルギーになるのはもちろんですが、応援する側こそ、その行動が喜びとなりエネルギーとなります。人によってはそれが生きがいになる人もいるくらいです。

応援する人々は全力で対象者の成功や夢の実現、目標達成を後押しします。それはもう様々なかたちで、お金や時間も惜しむことなく注ぐ場合も多いもの。

そして、そんな風に情熱をかけて応援できる存在と出会えたことに喜びを感じ、それに感謝するのです。

客観的に見ても応援されるより、むしろ応援する側のエネルギーも相当高く、静かに胸の内で応援する方もいれば、全力で表に出して応援する場合もあります。

チームのメンバーにとって、リーダーが「全力で応援したい存在」だったらどうでしょうか。

おそらく、どんな困難も厭わず乗り越え、リーダーの力になってくれるでしょう。

なぜなら多くの場合、私たちにとって応援は「させられている」行動ではなく「したい」行動だからです。

お金や働く条件で人を縛りつけるのは、もうできません。

今や多くの人にとって勤務条件だけでは、そこにとどまり続ける理由にはなりません。

しかし、そこに自分の応援したい人、応援したい組織やチームがあるのなら大きく違います。

あなたにぜひ、**部下やメンバーから「本気で応援されるリーダー」**になってほしいと思います。


そのためにはあなたのミッションやビジョン、思いをメンバーに伝えていくこと。

そして、メンバーとたくさんのことを共有していくこと。

あなたの大切にしているものや、目指しているもの、価値観を知ってもらい、メンバーの思いにも耳を傾けていくこと。

そして言葉だけではなく、行動で示すこと。

それらが伝わっていけばきっと、メンバーがあなたに力をくれるはずです。

キラー・クエスチョン

KQ 30

あなたを本気で応援している部下は誰？

COLUMN

父からのギフト

美味しいものが大好きで、気がつけば健康診断で引っかかり、30代ですでに生命保険には入れなかったという父。50歳を過ぎ、慢性腎不全で透析が始まった時は「これでようやく厳しい食事制限からおさらばだ！」と言い、その後進行した大腸ガンが見つかった時も「会社のがん保険にだけは入っていたみたいだ。旅行に行こう！」と笑っていました。悲しさが襲う瞬間ほど笑わせてくれる父でしたが、父が亡くなり、訃報を知らせるために開いた父の手帳には、『なんくるないさ』『ハクナ・マタタ』と力強い筆跡で書いてありました。手帳の最後のページには、「生きた現在に行動せよ」という１枚の切り抜きが。限られた人生のうち、私たちがこの手に確かにつかめるのは現在だけ。今日がなければ明日もない。未来に託した希望を実現するためにも、今ひとときの現在を大切に生きよう。大好きな父の死から受け取ったのは、現在を生きる大切さ。どんな状況も現実も、自分で前向きに捉えて生きていく、優しくて強い背中でした。父が生前言ってくれた「人生は一度きり、悔いのない航海を」という言葉を胸に私はコーチとして生きると心に決め、突然ひとりになった母のためにも場所と時間に縛られない働き方を選びました。

「大切な人のために、手を差し伸べられる存在でありたい」これは、私の所属する「トラストコーチングスクール」が掲げるメッセージです。私もいつもそういう存在でありたいと思っています。そのために、まず誰より大切にしたいと思うのは自分自身。深い愛情で育ててくれた両親や、今関わってくれているすべての人へ感謝をこめて、私自身に手を差し伸べられる自分でいたい。父が惜しみなく与えてくれた信頼も、愛情も、私の中で生き続けるのだとしたら、もらった愛を何倍にも育てて、今関わる私の大切な人たちへ返していきたいと思っています。

CHAPTER 04

リーダーの使命

31

「コーチ型リーダー」だからこそ、発揮できる力

コーチがコーチングで何をするかというと、クライアントの目標を聞き、ただ質問をして答えを引きだし、行動を変えるお手伝いをしているだけではありません。

プロのコーチはクライアントを変えようとしません。

ただ、クライアントとその人の大切な人との「関係性」を変えることに全力を尽くします。

私たちはステークホルダー（クライアントの重要人物・利害関係者）というクライアントにとって影響力の強い存在を書きだしてもらい、クライアントにとってのキーパーソンが誰かを見極め、その人との関係性をコーチングしていきます。

コーチングを受けていくなかで何が変化するのかというと、クライアント本人の気づき

を促し、行動を変えるサポートはしていきますが、一番の変化はクライアントと、クライアントの大切な人や、キーパーソンとなる人との「関係性」が変化していくのです。

私たちコーチはそのサポートをしています。

目指す目標がある時、達成したいゴールがある時、私たちはこんな人と出会えたら、こんな人とつながりが持てたら、というような考えを持つことも多いと思います。

しかし、私たちの可能性は今ある大切な人たちとの関係性のその先にあります。

もしも、あなたのまわりにいつも「素敵なパートナーと出会いたいけど出会いがない」と言っている人がいたとして、その人に素敵な出会いがあると思いますか？

まだ見ぬ誰かにばかり意識が行き、今すでに出会っている人たちのことを大切にできない人に、本当に素敵な出会いが訪れるのでしょうか。

どんな時も、今を大切にできる人、今すでに手にしているものや、今一緒にいる人のことを大切にできる視点がある人、感謝の視点が持てている人にこそ、良き出会いが待っているのではないでしょうか。

仕事も恋愛も、一生の友人となる人も、ひとつの出会いから育まれていくものです。

あなたはリーダーとして、チーム内のメンバー同士の関係性や、そのまわりのメンバーとの関係性をどれだけ良好なものにするためのサポートができていますか？

あなたがコーチ型リーダーだからこそ発揮できる力は、あなたとメンバーとの関係性を深めると同時に、メンバーとメンバーとの関係性を深め強くすることです。

その関係性が良くなることで、あなたのチームのパフォーマンスはさらにいい影響を受けていくでしょう。

キラー・クエスチョン

KQ 31

メンバー同士の関係性をどれだけ把握していますか？

32

すべては「タイミング」

例えば、こんなシチュエーションであなたならどんな対応をしますか？

あるメンバーが社運をかけたプレゼンに挑みました。

丁寧にプレゼンの資料をつくり、アイデアを尽くして登壇したプレゼンテーションで、クライアントの反応はいまいち。社運をかけた大事なプレゼンに負けてしまいました。

残念でしたが、あなたにはその理由がわかっています。

彼はチームで挑むはずのプレゼンで、メンバーと協力し、力を合わせることなくひとりで進めていました。メンバーの斬新なアイデアや意見が入っていたら、もしかしたら結果が違っていたかもしれません。

あなたはリーダーとして、彼にどんな言葉をかけますか？

プロのコーチが大切にするのは、その一言を伝える「タイミング」です。

どこまで相手にとって一番いいタイミングで伝えられるか、どれだけ待てるか。

気になった時、すぐに相手に伝えるのがいいわけではないのです。

もちろん、正解はありませんし、日々結果を出さなければならない状況において、急ぐべき時もあるでしょう。

ですが、その出来事を未来に向け最大限に活かすために、本人にとってベストなタイミングを見極めるには、日頃からその部下のことをよく観察し、よく理解しておく必要があります。ポイントは相手が自らそのことに向き合おうとしたタイミングを見逃さないことです。

さらに重要なのは、相手に欠けていた視点だけを伝えるのではなく、「相手が大切にしているもの」とともに相手の「心の矛盾」をきちんと見てあげることです。

本人がプレゼンに挑む際、大切にしていたことがあったはずです。

フィードバックは奥が深いもので、やみくもに結果だけを拾って投げればいいというものではありません。ただ言葉にしてぶつければ、相手を傷つけてしまう可能性もあります。そして、忘れてはいけないのは、**「何を言うか」だけではなく、「誰が言うか」**によってその効果は全く違うということ。

日常のメンバーとの関係性こそが、その一言が伝わるかどうかに大きく影響するのです。

相手のことを本当に大切に思えば、伝えるべき言葉があります。ただ、その言葉も一番伝わるタイミングと伝え方があります。

そして、あなたが一番メンバーに対して「伝えられる存在」であってほしいと思います。ベストなタイミングと相手が大切にしていることを理解し、信頼関係の土台をつくったうえで、相手の成長につながる価値あるメッセージを伝えましょう。

キラー・クエスチョン

KQ 32

その一言、本当に「今」伝えるべきですか?

33

リーダーに問われる「1ON1」

あなたの組織やチームでは「1ON1」を導入していますか？

あなたは「1ON1」の時間でメンバーの話をどれだけ聴けているでしょうか？

今、会社の規模にかかわらず、上司やメンター役の先輩と、メンバーの1対1の面談の時間を持つ企業が増えてきました。私たちのコーチングスクールにも、「1ON1」についての問い合わせが殺到しています。

でも、多くのリーダーから耳にするのは、「制度をつくることが先行し、実態がついていってない」「とりあえず、週に30分メンバーと面談をしているが、何を話していいか、よくわからない」といったような声です。

そして、実際に「1ON1」を受けている方に直接ヒアリングすると、こちらも賛否両論で、満足度はリーダーにより大きく違うようです。

『1ON1』の時間、ずっと上司が自分の話ばかりしていて、いったい何の時間なのかわからない」「仕事の進捗にも影響するし、そんな無駄な時間なら、もう必要ない」という部下からの意見も少なくないのが現状です。


面談の時間を設けても「何を話したらいいかわからない」と感じるリーダーは多いです。

そもそも「1ON1」の目的は何でしょうか。そこを明確にしておかなければ、貴重な時間を無駄にしてしまうことになりかねません。


「1ON1」のメリットは様々です。チームの目標やビジョンを共有したり、メンバーの目標を設定したり、メンバーの状態や方向性をキャッチすることができます。

コーチの視点で考える「1ON1」の価値は、メンバーにとって「安心できる空間」を感じてもらうこと。一対一の対話の中で、お互いを知り、相手との関係性を深める時間にできることです。

あなたとメンバーとの信頼関係を強化する一番シンプルな方法は、相手のペースに合わせて「部下の話を聴くこと」です。

ポイントは必ず、メンバー自身に「リーダーに話を聴いてもらった」という感覚を残すことにあります。「リーダーは、自分の話を聴いてくれる存在だ」と心から感じてもらうことです。**そのためのポイントは話す割合を3対7で相手に多く話してもらうこと。**

「1ON1」の面談中、もしリーダーが一方的に話していても、多くの場合、部下は笑顔で話を聴いてくれるでしょう。でも心の中では、「早く終わらないかな」「私の面談の時間なのに」と思っているはずです。

あなたとメンバーの貴重な時間を無駄にしないためには、「1ON1」の時間を持つ目的をきちんと共有し、面談ごとに、今日この時間で何を得たいのかのゴールを確認し合うことも大切です。

そしてメンバー自身が目標に向かい、自ら行動を起こせるよう対話でサポートしていくのが「１ＯＮ１」の役割であり、その時間の中であなたとメンバーの信頼関係を深めることでその効果は倍増します。

しかし、忙しい時間の中で、「１ＯＮ１」の対話の時間が持てない場合も多いでしょう。時間をとるのが難しい時は、仕事の合間や休憩時間にできるだけメンバーの声に耳を傾けるようにしてみてはいかがでしょうか。

それでも時間がないと感じる方がいたら、メンバーのためにあなたの貴重な時間を使うことにどんな意味があるのかを、一度よく考えてみてください。

メンバーのためにあなたの時間を使うことはリーダーの大切な仕事です。

たった数分の時間さえもメンバーにかける気がないのなら、リーダーとしてチームを持つ資格はないと思います。

たかが3分、されど3分。
時間は私たちが持っている、最高に価値のある資源（リソース）です。
貴重な時間を無駄にせず、最大限に有効に使っていきましょう。

そして、その貴重な時間で、メンバーの声をたくさん聴くことを忘れずに。

キラー・クエスチョン

KQ 33

その対話、「3対7」になっていますか？

34
リーダーなら「25秒以上」話すな

あなたは話が長いほうですか？

それとも端的で、どちらかというと短いほうでしょうか？

私たち人間の集中力は、思うより長く続きません。

「自分の部下は長い話もよく聴いてくれる」と感じているとしたら、相当迷惑なリーダーになっている可能性大です。頑張って聴いているフリをしているだけで、本当はたいして聴いていないかもしれません。

コーチング研修は双方向でさせていただくことが多いですが、企業研修に伺うと、ものすごく話の長い方が1クラスに数名は必ずいます。

数名どころか結構いる場合もあります。

長い話がすべてダメだと言っているわけではありません。プライベートの付き合いなら、多少あなたの話が長くてもつまらなくても、何を言っているのか要点がつかめなくても、異性にモテないくらいで、問題はないと思います。

問題なのは、リーダーなのに、あなたの話が長くてわかりにくいこと。あえてわかりにくいと言ったのは、話の長い人にわかりやすく話せる人を見たことがないからです。

言葉には感情がのります。感情の動きが大きい人はとくに、話している間に論点を見失いやすく、全然違う場所へ話が飛んでしまうこともあるでしょう。でも仕事でそれをしてしまうと、相手にとっては正直迷惑ですよね。

そういう私も、迷惑を撒き散らしていたひとりです。私は話の長さというより、わかりにくかったことが問題でした。

言いにくいことになると、つい遠回しで曖昧な表現を使ってしまい、無駄に相手の時間を奪っていることに、コーチングを学んでから気づきました。

もしあなたが伝わりやすい話し方ができていないと感じるなら、**ポイントは結論から伝えること。**そして、**25秒以上話さないことです。相手に入る隙を与えながら、リズムを大切に区切って話すこと。このリズムを覚えるだけで、あなたのコミュニケーション力は格段に上がります。**

内容がわかりにくいなと思ったら、一度自分の中で整理をして、新聞の見出しを参考にして「大見出し」「要約」「本文」を3つを考えてから話すことが大切です。

伝えたいことを相手が理解しやすいように、わかりやすく伝えるのは、相手に対する思いやり。だらだらと、道筋の見えない長い話をするのはとっとと卒業して、仕事では、シンプルな言葉のキャッチボールを意識してみてください。

キラー・クエスチョン

KQ 34

「25秒以上」話すことの愚かさを知っていますか？

35

リーダーは「自分の言葉」を持て

私のクライアントで「常に最高の準備をする」を合言葉にしている女性がいました。

彼女はイチロー選手の「試合前に完璧な準備をする」というどんな時も準備を怠らない姿勢に感銘を受け、彼の在り方や言葉を大切にしていました。

「最高の準備とは何か？」を常にメンバーに問い、自身にも問い、その言葉をかけ続けるのが彼女の習慣になっていました。彼女がいなくとも、いつもメンバーの心にはその言葉が焼きついていたことでしょう。

彼女の部下はリーダー不在時にも、「最高の準備をする」ことを忘れることはありませんでした。彼女がどうしても長期で現場を離れなければならなくなった時、彼女の部下が堂々とその役割を果たしてくれたと聞きました。常に最高の準備を怠らないチームだったからこその結果だと思います。

私の所属するコーチングスクールの代表は、その問いが「愛」から生まれた質問か、「不安」から生まれた質問かを常に考える習慣があります。

私もその問いを投げかけられるうちに、私自身セッションでクライアントと向き合う時や、自分自身にセルフコーチングをする時も「それは不安から生まれた質問か？　愛から生まれた質問か？」を確認する習慣がつきました。

その人の「言葉」が自分の内側で生き続けるというのは、誰かの思考パターンが自分の中に入りこむということです。代表はその言葉を一回のトレーニングで、多い時は十回以上伝えています。

ちなみに、「不安」から生まれる質問に価値はありません。「愛」の視点から生まれた質問にこそ価値があります。

あなたは普段どんな「言葉」をメンバーに伝えていますか？

あなたの代わりにメンバーを励ます言葉、奮い立たせる言葉でもいいですし、チームをひとつにする言葉でもいい。

そこにあなたがいなくとも、メンバーの心に生き続ける言葉が、彼らを成長させ、チームの危機を救うこともあるかもしれません。

「言霊」という言葉があるように、言葉には力が宿るものです。あなたのかける言葉の力で、チームの結束力をさらに強くすることもできるでしょう。

あなたがそこにいなくても、メンバーに残したいメッセージは何ですか?

キラー・クエスチョン

KQ 35

あなたが1日5回以上、
メンバーに伝えている「言葉」は？

36

リーダーの「立ち位置」

チームや組織にいる時、あなたの立ち位置はどこにありますか？

もしいつも一番前や、先頭に立つという方がいたら、一度その立ち位置を見直してみたほうがいいかもしれません。

これからの時代のリーダーの立ち位置は、常に先頭ではありません。

時に後ろに立ち、時に輪の中に入り、チームの状態を見極め、部下やメンバー一人ひとりとの関係を捉えながら、リーダーのポジションを調整できることが大切です。

もちろんリーダーが一番前に立ち、チームを率いていく瞬間も必要です。

大切なのは、全体を見渡せるよう視野を広く持ち、メンバーの状態を常に確認できる立ち位置でいることです。

そのためには、自分自身の立ち位置を変えられるニュートラルな状態と視野を持っておくことが大事です。

ポイントはリーダーがどのポジションにも入れるよう、常にメンバーの上にいないこと。あなたが日常でいつも部下やメンバーをリーダーのポジションから見て関わらないことです。

上司と部下であるということは、基本的に二人は上下関係にあります。
よほど積極的に関わってくれる後輩でもない限り、上下関係は気を遣います。
そんな関係の中では、フラットな関係性も信頼関係もなかなか育ちにくいものです。
上下の立ち位置が分かれているだけで、対等に相手を見ることは難しくなります。

昔は、仕事が終わってから上司に誘われ「一杯飲みにいこうよ」とか、「ちょっと付き合って」などと、仕事帰りに時間をともにすることも多かったと思います。

ただ、今はなかなかそういった時間を持ちにくい背景があるでしょう。

働き方も、休日の取り方も、休みの過ごし方も、ここ数年でも大いに変わりました。

そこで注目すべきは、チームや組織の輪の中に入り、チームを動かしていく「コーチ型リーダー」のポジションです。

コーチ型リーダーは従来のトップダウン型のリーダーと違って、チームの先頭に立ち率いるのではなく、**チームの輪の中に入って、メンバー一人ひとりと関係性を築いていくリーダー**です。

コーチ型リーダーのコミュニケーションのコツは「双方向」にあります。一方的な指示や指導、アドバイスといった、従来のマネジメントスタイルではなく、メンバーの中に入り、それぞれとコミュニケーションを取っていく。まさにひとりずつとキャッチボールをしていくような関係づくりが鍵となります。

先日、日本を代表する老舗の飲食業界の人事の方とご面談の際、こんな風に話してくれました。

「今はリーダーシップだけではなくて、キャプテンシーが求められていると思います。キャプテンはメンバーに信頼され、キャプテン自身も応援され、メンバーから慕われている存在でなければチームをまとめていくのは難しいのです」

たしかに、チームの監督は時に自分のビジョンにまっすぐに、自分のやり方を貫き、チームをリードしていく存在かもしれませんが、チームの輪の中に入りプレイしていくキャプテンはメンバーに嫌われたらできない。嫌われているキャプテンがメンバーのパフォーマンスを発揮させ、強いチームをつくるのは難しいでしょう。

その話を聞いて、私は印象に残っている前職の女性上司を思いだしました。

「部下に嫌われるのが、リーダーの仕事なのよ」

ある日の仕事終わり、店長をしていた彼女はそうつぶやいて、とても寂しそうな顔をしていました。

メンバーから好かれていないことも、嫌われるようなマネジメントをしていることも、彼女は十分わかってやっていたのだと思います。

それでも彼女は「メンバーから嫌われることはリーダーの役割」なのだと一生懸命向き合っていました。彼女はいつも最前線に立ち、トップダウン型のリーダーシップで力強くメンバーへ指示を出していました。そばで見ていても、そんな店長の姿はやっぱり苦しそうで、私自身リーダーになりたいとは思えずにいました。

彼女はその後、ほどなくして心身の不調により働き方を見直すことになりました。

リーダーの役割から離れた彼女はとても優しくて穏やかな表情をしていました。

リーダーは「嫌われる勇気」を持つべきでしょうか？

私はそうは思いません。**メンバーにとって本当に価値のあるフィードバックやメッセー**

ジなら、それは嫌われる前提ではなく、「優しさ」だと確信を持って相手に伝えられるからです。

コーチは時に、クライアントにとって耳の痛い一言も、フィードバックとして伝えます。それを伝えることこそ、コーチをつける価値だからです。

自分ひとりでは、なかなか気づくことができない思考の偏りや思いこみ、決めつけは、誰にでもあるものです。

本人が無意識にしてしまっている良くない習慣や口癖などを、コーチが鏡となりまわりにどう映っているのかを感じてもらいます。

ここでも大切なのは、**コーチとクライアントとの信頼関係がなければ、フィードバックの価値は半減してしまう**ということです。

リーダーと部下との関係性も同じで、結局はその言葉を「誰から言われるか？」がとても大切なのです。そのためにも日頃、部下との関係性を丁寧に築いておくことが大切ということです。

あなたがチームや組織を一番リードしやすい立ち位置はどこですか？

あなたのポジションやスタンスを見直し、チームと関わるなら、どんな関わり方が良さそうですか？

そしてメンバーの可能性に、メンバー以上に気づくためには、あなたはどこの位置から、メンバーの何を見るといいですか？

メンバーやチームとの関わり方をアップデートして、あなたがメンバーの可能性や強みに今より気づける立ち位置にいることで、チームはさらに強くなりチーム内の人間関係はさらに良くなり強化されるでしょう。

キラー・クエスチョン

KQ 36

チームが一番加速するあなたの立ち位置はどこ？

37

ライバルをつくれ

あなたは小説や漫画、映画は好きですか？　どんな物語が好きでしょうか。

私はビジネスパーソンに大人気の、中国「春秋戦国時代」を舞台にした青年漫画が大好きで、コーチ仲間やクライアントとその話題になると、つい時間を忘れて語り合ってしまいます。

人の成長を描く物語には、いつだって主人公に魅力的なライバルが登場します。

そのライバルの存在こそが、主人公を成長させてくれる要となっていることは、誰もがよく理解していると思います。

ひとりでは決して到達できない速さで目的地へ進ませてくれるライバルは、もしかしたら主人公にとって常に大切な問いを投げかけてくれるコーチのような存在なのかもしれません。

あなたには社内、社外問わず、ライバルだと認める存在がいるでしょうか？

ライバルを排除しようとするリーダーほど、残念なリーダーはいません。

私のクライアントでも、ライバルがいる人といない人では、明らかに成長率が違います。

忘れないでほしいことは、**ライバルはあなたを成長させてくれる存在**だということ。

もしあなたの近くに切磋琢磨できる人がいるなら、それは素晴らしい環境にあなたの身を置けているということだと思います。「悔しさ」は人の原動力となるエネルギーです。常に悔しさを感じられる環境をつくっているリーダーは、それだけ加速するスピードも速いものです。


私が知る優秀なリーダーは、ライバルの存在を何より大切にしています。大切にしているどころか「ライバルを育てる」ということに全力で取り組んでいます。

ライバルの存在が私たちを成長させ、現状を打破するために必要な存在であり、自分ひとりでは辿り着けない高みへ登らせてくれることをよく知っているからです。

あなたのまわりに、あなたが嫉妬するような魅力的なライバルはいますか？

あなたが持っていない視点や価値観を持つ人、強みや能力のある人、全く違うタイプの優秀な人がきっといるはずです。


ちなみに、私には社会人になってから「ライバル」がいませんでした。そもそもライバルなんて要らないと思っていましたし、ライバルの定義すら曖昧で、ライバルの存在が自分にどんな影響があるのかを、あらためて考えたこともありませんでした。

でも、今はライバルがいます。心から尊敬する、魅力的なライバルたちです。

そんな彼らの存在こそ、私にとって自分を成長させてくれるかけがえのない存在だと感じています。私も彼らの良きライバルであり続けるためにも、もっともっと力をつけたいと思っています。

先日ある起業家のコーチングを担当していた時、彼は自分の人間関係の相関図を見ながら「ライバルが自分を成長させてくれる。僕は常に二人以上のライバルを自分の中に明確に持つようにしています」と話してくれました。

そういう視点を常に持っているからこそ、これだけ早いスピードで会社を成長させてきたのだろうと、妙に納得しました。

私の所属するコーチングスクールでは、講座を通してコーチングを学んだ後、自分もコーチとして活動をしていきたい場合は、認定コーチになるためのトレーニングを受け、コーチの資格を取得し活動することができます。

「コーチが増えると、ライバルが増えませんか？」と心配される方もいます。

「集客に困らないですか？」と不安を持つ方もいますが、断言します。全く困りません。

どんな業界にもライバルが存在すると思います。ビジネスにおいてもスポーツにおいても、ライバルは同じフィールドで力を発揮する同志であり、切磋琢磨できる貴重な存在だと思っています。

むしろ、もっとライバルとなるようなコーチが業界に増えて「コーチング」をより多くの方に知ってもらいたいですし、私自身も誰かのそんな存在でありたいと思っています。

一見、自分自身や、自分のビジネスにとって、不利益に感じるかもしれないことも、中長期的視点で考えた時、業界全体や社会全体で見てみると、メリットが逆転する場合も多いものです。

とは言え、ライバルと主人公は水と油だったりして、仲良くなれない場合もあります。仲良くする必要はなく、**お互いにその力を認め合える存在でいられることが大切**なのだと思います。

私はこれからも、お互いを認め合えるような、良きライバルをもっと増やしたいですし、私の応援する大切なクライアントには、いつだって嫉妬させられるほど魅力的なライバルがいてほしいと思っています。

キラー・クエスチョン

KQ 37

嫉妬するほど魅力的なライバルを大切にしていますか？

38

リーダーが部下に伝えるべき「意外なこと」

突然ですが、あなたの「弱点」は何ですか？

部下に知られたくないような、あなたの「弱み」はありますか？

弱みのない人間も、完璧な人間もいません。ただ自分の「弱点」をありのまま部下に伝えることができるリーダーはなかなかいません。

責任感の強いリーダーこそ「強くあろう」「部下に弱みを見せまい」と孤独に奮闘しているものです。

コーチをしていて感じることは、多くのリーダーが「リーダーとは、こうあらねばならない」という思いを持ちながら、日々取り組んでいるということ。

あなたは弱みを見せまいと、自分に言い聞かせ、一生懸命鎧を着て戦っていませんか？

私自身、まわりは求めていないのに、完璧であらねばと鎧を着て戦っていたひとりでした。

「弱みを見せない、完璧なリーダーが強いチームをつくるのか?」というと、そうでもありません。きっとあなたにも、そう感じた経験があると思います。

「雰囲気がいいな」「仲が良さそうだな」と感じるチームほど、たいていリーダーは少し抜けている人だったり、頼りない人物だったりするものです。彼らは自分の不完全なところや、ダメでどうしようもない一面もメンバーに隠さずさらけだしています。そんなリーダーのそばには必ずと言っていいほど、優秀なメンバーが揃っているものなのです。

リーダーが強くあろうとすればするほど、メンバーの強さを引きだせずに終わります。強い組織やチームをつくる秘訣はリーダーが「一番強い存在」を目指さないことです。

そういうチームはいつの間にか、リーダーの脇を固める優秀な2番手3番手のメンバーの存在感が増していきます。彼らがどんどん力を発揮していくので、結果的にはひとりの強いリーダーが率いるチームより、メンバーの層が充実したチームのほうが中長期的に見ても圧倒的に強くなっていきます。

特に最近業績を上げている企業やチームは、**リーダーが率先して「自然体」でいることを大切にしているように感じます。**

「自然体」とは、どこにも余計な力が入っていない状態のこと。だからこそ、必要な瞬間にベストな状態をつくりだせます。**コミュニケーションこそ、その「構え」は自然体である必要があり、余計な力が入っていては、質の高いコミュニケーションはとれません。**

不自然な人ほど、「ポジティブでいなければならない」とか「前向きに考えることが大事だ」と言います。自然と前を向いている状態と、無理やり前を向いているのとでは、客観的に見ても大きな違いがあるものです。

ポジティブでもネガティブでもどちらでもいいのだと、本人がいつも自然体でいる人は、まわりを自然体にさせることができる人です。

人は「こうでなければならない」が強ければ強いほど、相手にもそれを求めてしまいます。武道の世界でも「自然体が最強」だと言いますが、**コミュニケーションの世界でも、**

「自然体が最強」なのです。

リーダーもメンバーもそれぞれが自然体で、自分を必要以上に大きく見せる必要もなく、お互いの強みや弱みを共有できていると、弱みを補い合うことも、強みを高め合うこともできます。

これまでたくさんのリーダーとご一緒させていただいたなかでも、そのぶれない自然体にいつも驚かされるのは、所属するコーチングスクールのリーダーです。

大手企業でトップビジネスパーソンに向けて講演をする時も、ママが何百人も集まるイベントで登壇する時も、誰もが知る著名な方々の前に立っても、子供たちに向けて講話をする時も、私たちコーチ仲間と関わる時も、そのスタンスは全く変わりません。

どんな場面でも自分を大きく見せようとせず、まず先に自分から脱ぐ。

もちろん、脱ぐと言っても本当に脱ぐわけではなく、相手がクスッと笑ってしまうような恥ずかしいエピソードを披露したり、意外な一面を先に出していくことに躊躇がありません。そんな姿に安心させられ、気がつけば自然体にさせられています。そういえばそのリーダーはいつもパジャマのような格好をしていますが、もしかしたらそれも、相手に気を遣わせない「構え」なのかもしれません。

つまり、最強の自然体はダサい。

少しダサいくらいのリーダーシップこそ実は最強で、そんな自然体で人間味溢れるリーダーにこそメンバーは力になりたい、応援したいと感じるのだと思います。

そのために、リーダーが必ず持つべきは「揺るぎないビジョンとミッション」です。

ダサいだけでは誰もついてきません。メンバーがその先の景色を一緒に観たいと思えるような魅力ある「ビジョン」を描き、ともに果たしたいと感じさせる「ミッション」を掲げ、そこに向かう姿をメンバーに背中で語ること。そしてちょっとダサいこと（笑）。

これからの時代さらに活躍するリーダーは、きっとそれを体現しているリーダーだと私は思います。

キラー・クエスチョン

KQ 38

メンバーが知っているあなたの弱点は何？

39

幸せになる方法

「私たちは何のために生きるのか？」

というと、少し壮大なテーマに感じるかもしれませんが、この問いは私たちが生きていくうえで、避けて通れない大切なテーマです。

私たちの行動の源となるのは、「幸せになりたい」という願いです。

日々の小さな行動や選択も、人生を左右する大きな決断も、「どちらの選択が、自分がより幸せになれるかどうか？」の選択をしているに過ぎません。

幸せの定義、成功の定義ひとつとっても、あなたと部下とでは違うもの。

あなた自身の幸せがどんな要素でつくられているかを知り、必要に応じ、見直し、再定義することで、よりあなたらしい幸せを追求していけるはずです。

お互いの大切なものを知ることはきっと、メンバーとの人間関係をより良くすることにつながるでしょう。

人は自然と自分に似た人に惹かれていくものです。もしかしたら、今あなたのまわりにも、あなたと考えや価値観の近い人がいるのではないでしょうか。

あなたの職場の部下や、チームのメンバーが今ここで働いている理由を知っていますか？

生活のため、やりがいのため、働く場所が近いから、理由は様々だと思います。

忘れてはならないのは、**私たちを一番突き動かす力は感情**だということ。

メリット、デメリットだけではないのです。

「あなたと働きたいから、ここで働いている」

あなたが取るコミュニケーションひとつで、あなたはそんな存在になれるのです。逆に、あなたのコミュニケーションひとつで、2度と会いたくない存在にさえなります。

「あなたと働きたい」とメンバーに感じてもらうことができたなら、そのメンバーはきっと今よりもっとパフォーマンスが上がり、あなたもその恩恵を受けるはずです。

私たちの幸せを決めるのは、物質的なものではありません。

あなたが関わる人たちと、どれだけ信頼関係を育み、彼らの成長にあなた自身が貢献し、想いや感情を分かち合えるような、あたたかい時間を過ごせているかです。


人が幸せになる方法は「幸せな人のそばにいること」です。どんな環境にいても、今ここにあるものに感謝し「今が幸せ」だと感じることができる人が幸せな人です。**幸せは誰かに与えられるものではなく、自分の心で感じるものだからです。**

「あなたの大切な人」を幸せにするには、あなた自身が「幸せな人」でいることです。

あなたと、あなたの大切な人のためにも、日常に溢れる「小さな幸せ」に気づき、それを感じることができる「心の状態」を持って過ごせますように。


あなたのかけがえのない毎日に、コミュニケーションの力を。

キラー・クエスチョン

KQ 39

あなたは今ある幸せに気づいていますか？

おわりに

最後まで読んでいただき、ありがとうございます。

ご体調はいかがですか？（笑）

なかには痛い思いをした方もいらっしゃるかもしれません。

ですがその傷で実際に死ぬことはありません。それをきちんと修復していくことが、あなたのみならず、あなたのまわりにいる大切な人をより幸せにするはずです。

本書をきっかけに、今まで以上に部下やメンバーとのコミュニケーションを楽しみ、あなたの毎日にコーチングを活かしていただけたら幸いです。

「あなたは職場に会いたい人がいますか？」

もしいないと感じるなら、まずはあなたが誰かのそんな存在になってほしい。

そうすればきっと、あなたのまわりにあたたかい人間関係の輪が生まれていくはずです。

私がこれまで会社員として過ごしてきたなかで、産休・育休に入る同僚や部下は、制度への不安より、戻ってきた時の「職場の人間関係」への不安のほうが強いように感じました。

「彼女たちが安心して働ける環境を整えたい」

「いきいきと毎日を過ごし、働くことは楽しいと、心から感じる大人たちを増やしたい」

そう考えた時、「コーチングで日本中の職場の人間関係をより良くしたい」と考えたのが、私がコーチとして独立したいと思った最初のきっかけでした。

人生を楽しみながら生きる大人たちが増えれば、日本はもっと元気になる。

その背中を、子供たちは見ています。

これからの日本や世界の未来を担う、子供たちのためにも。

人間はひとりでは生きていけません。

物理的な理由だけではなく、私たちの喜びは、自分以外の誰かとの関係性の中に生まれるからです。

職場が「たくさんの人と喜びを分かち合える場」であることが幸せの鍵であり、あなたのパートナーや子供を幸せにする鍵でもあります。

いつか必ず終わりがくる私たちの人生で、あなたが今一緒に働いている人たちは、きっと深い縁がある人たちです。

貴重な出会いがもたらしてくれた人たちと、今まで以上にあたたかい人間関係を育み、あなたと、あなたの大切な人たちの毎日がさらに幸せなものでありますように。

最後に、いつも私を見守り、応援してくれる家族や友人、クライアントの皆さま、「コミュニケーションを学ぶ文化をつくる」というミッションを掲げ、日本・世界へとコーチングを広めるべく、ともに活動する大切なコーチ仲間たちへ。

皆さんのおかげで、今の私があります。心より感謝申しあげます。

本書に登場する優秀なリーダーについては、第一線で活躍するたくさんのクライアントをはじめ、私を育ててくれた前職の上司の方々、尊敬する父、そして私の所属するコーチングスクール代表のリーダーシップを参考にさせていただきました。

もしあなたがコーチングに興味を持ち「もっと本格的に学びたい」と感じてくださったら、ぜひ私も所属する「トラストコーチングスクール」をご活用ください。いつかスクールでお会いできるのを楽しみにしています。

「39の質問」はこの先もきっと、あなたの味方になってくれるはずです。

あなたのますますのご活躍を、心より応援しております。

TCS認定プロフェッショナルコーチ　林友香

PROFILE

林 友香
YUKA HAYASHI

ビジネスコーチ
TCS認定プロフェッショナルコーチ

仙台市生まれ。美容業界で18年のキャリアを経てプロのコーチとして独立。企業在籍中、部下のマネジメントに悩んだ事をきっかけにトラストコーチングスクールでコーチングを学び、新人教育、管理職の再教育研修など社内の人材育成を幅広く担当。コーチングを活用したマネジメントを現場で実践し、担当部署の離職率を2年半で50%から8.5%まで引き下げる。最難関と名高い「TCS認定プロフェッショナルコーチ」の資格を第一号合格で取得。現在は大手企業や省庁でリーダー向けのコーチング研修やメンター教育、コミュニケーション研修等を提供しながら、主に経営者を対象にしたエグゼクティブコーチングを担当し、予約待ちが絶えない。

リーダーを目醒《めざ》めさせる
キラー・クエスチョン
女性《じょせい》トップビジネスコーチが斬《き》り込《こ》む「39の質問《しつもん》」

著者 林《はやし》 友香《ゆか》

2020年2月11日　初版発行
2020年7月 1 日　2刷発行

発行者 磐崎文彰
発行所 株式会社かざひの文庫
〒110-0002 東京都台東区上野桜木2-16-21
電話／FAX 03(6322)3231
e-mail：company@kazahinobunko.com
http://www.kazahinobunko.com

発売元 太陽出版
〒113-0033 東京都文京区本郷4-1-14
電話 03(3814)0471 FAX 03(3814)2366
e-mail：info@taiyoshuppan.net
http://www.taiyoshuppan.net

印刷 シナノパブリッシングプレス
製本 井上製本所

装丁 BLUE DESIGN COMPANY

ISBN9784-88469-990-1